退休十年，我很好！
老黑的無憾樂活告白

今年開始，人生都是自己的

田臨斌——著

序言——寫給既期待又怕受傷害的人們

時間過得真快，我在四十五歲那年離開工作二十多年的企業界，五年後出版《45歲退休，你準備好了？》（以下簡稱《45歲》），一晃又是五年，也就是說，我已經遊手好閒整整十個年頭了！十年前認識的人根本不相信我會真的頭也不回地離開職場，而多數《45歲》的讀者，大概也只把書中內容當成奇人軼事看待。

事實是，退就是退，不管十年來外在環境發生多大變化，我的初衷未曾動搖；倒是當年外人眼中的怪人怪事代表，現在看來正常許多。這幾年才結識的人，只當我是寫作出書的人、或旅遊達人、或街頭藝人，甚至有時連自己都因為太專注眼前生活，常忘了曾經在企業界工作過。

剛退下來時，別人上班，我在外面閒逛；別人放假出遊，我待在家裡躲人潮；別人聚餐唱歌罵老闆，我看書寫文章罵媒體，感覺自己很特別。但時間一長，特殊感漸漸淡去，才發現生活其實就是這麼回事，所有人的一天都是二十四個鐘頭，工作也好，退休也罷，重點是如何過得好，過得有價值。

不特別的另一個原因是，五十五歲的我，身邊同齡人開始慢慢加入退休行列，其中有的「壽終正寢」，有的「揮刀自宮」，有的「被迫下台」，有的興高采烈，有的沮喪徬徨。人口統計數字告訴我們，現在還只是開端，往後十幾年，每年都將有大批工作者離開職場，被冠上「銀髮族」封號，加入退休大軍。

對於早已過慣朝九晚五日子的人來說，睡到自然醒只會令人興奮一小段時間，接著就被生活的壓力所淹沒。是的，退休是有壓力的，我們從小到大幾乎從未有自主過活的經驗，總是時間到了，該上學上學、該工作工作、該成家成家；一天突然發覺有大把時間可供自由揮霍，很容易慌了手腳。

這就是我寫這本書的原因。雖然過去幾年經常收到《45歲》讀者的反饋，表示已做好退休準備；但觀察四周可以清楚發現，對於即將到臨，或甚至已經開始的退休生活，沒有做好準備的人仍佔大多數。許多人認為船到橋頭自然直，但同樣從觀察中可以看出，除非付出努力，否則船是不會直的！

說完全沒有付出努力也不公平。這幾年，媒體經常以退休為題做調查研究、提出各種建議，只是內容絕大多數談的是理財。退休當然要錢，但人們經常忘了，還有兩件事的重要性一點都不小於金錢，那就是健康和快樂。生活在今天的台灣，說難聽點，再窮也餓不死人，但少了健康和快樂卻可令人生不如死！

重點是這三者之間互為因果，說有錢的人較快樂、快樂的人較健康、健康的人較有錢，相信多數人會同意。但其實不管怎麼調整「快樂」、「有錢」、「健康」在這幾句話中的順序，都同樣言之成理。事實是，研究結果顯示三者好就一起好、差就一起差，只準備其中一項遠遠不夠，如果因此忽略另外兩項，甚至可能有害。

《45歲》中，我以「邁向樂活人生的十堂課」為架構，說明如何為退休做準備；本書則以退休三大支柱：金錢、快樂、健康分為三篇，涵蓋全部十堂課的主題，內容主體採用我過去幾年陸續發表在部落格的文章，呈現退休之後不同階段的生活點滴，和從中產生的學習心得。

雖然每個人的財務、家庭、健康狀況不一樣，但準（新）退休族「既期待又怕受傷害」的心態其實都很類似。如果你也是其中一員，希望我過去十年的體驗感悟能向你說明，退休生活絕不止看電視和炒股票；只要準備得宜，它更可以是人生中最富足、最健康、最快樂的黃金歲月！

目錄

如何選擇生活住居

Part 2 ——那些快樂的事 77

快樂不在外人的眼光中，只在自己的心裡。

如何享受自由時間

Part 3——健健康康好日子 167

從過去十年生活體驗中，我敢掛一句擔保，吃喝玩樂比努力工作更辛苦。沒有足夠體力，是絕對無法享受生活的。

■如何維持身體機能

■如何保持心靈平衡

PART 1
關於錢的事

根據我的觀察，在退休三大支柱中，
金錢雖然是準退休族們最關心煩惱的一項，卻很可能是退休後碰到問題最小的一項。

如何做好理財規劃

認為錢可以做所有事的人，通常會為錢做所有事。

——班傑明・富蘭克林，政治家

太多人用辛苦賺來的錢購買並不需要的東西，目的是吸引他們並不喜歡的人的注意。

——威爾・羅傑斯，演員

真正的財富不是擁有許多，而是需要很少。

——愛比克泰德，哲學家

我們真正想做的事就是我們真正該做的事，當我們做該做的事，金錢就會自己找上門來，我們就會感覺自己很有用，工作像遊戲一樣。

——茱莉亞・卡麥隆，教師

錢最重要？

既然錢是許多人最感興趣的部分，那就讓我們開宗明義來談錢吧！但事先聲明，我不是理財專家，無法講出一套又一套的投資心法，讓你看了只恨沒有早點認識我。可是話說回來，畢竟已經退休十年，當然有些實務經驗，這些經驗起碼讓我沒領過失業救濟金，還可以經常四處旅行！

把我的理財心得，和這些年閱讀到的專家建議綜合起來，大概用四個字就可以總結退休理財的全部重點——「保守穩健」。解釋得更清楚一點可以用八個字——「長期投資，分散風險」。這個道理不難懂，退休之後，少了來自工作的固定收入，自然就少了承擔風險的能力，當然得格外小心。

我四十歲前的理財經歷，坎坷得可以。台股第一次上萬點，我因為不懂股票參加股友社，結果老師捲款潛逃；朋友介紹投資鴻源集團，結果被惡性倒閉；人生第一次置產在汐止買預售屋，房子還沒蓋好就碰上林肯大郡倒塌事件；後來經專家推薦投資高科技基金，沒多久網路泡沫，接著隔年又來個九一一……。

可是回頭想想，我不但不覺得自己倒霉，反而算得上幸運，因為這些失敗經歷全發生在年輕還賠得起的時候；更重要的是，我從這些經歷中，「買」到理財不可求貪、求短的寶貴教訓，這些教訓在後來我為退休做準備時發揮了關鍵效用。

寫《只買一隻股，勝過18％》的施昇輝和我同年，過去服務於金融業，是位公認的退休樂活理財專家。我以前不認識他，看了他的書之後，才發現我倆對退休理財的觀念和做法都非常接近。

為什麼一個理財門外漢的做法和專家的做法差不多？因為退休理財的重點本來就不在複雜的技術，想想看，在保守穩健的大原則下，理財能變出多少花樣？一般能使用的工具大概不出定存、中低風險基金或股票，頂多再加租金而已，而且還不能經常交易，否則就不符合長期投資的原則。

說穿了，退休理財，不重技「術」，貴在「道」理！首先，退休族一定要搞清楚，錢是用來花的，而不是用來賺或存的，這點和在工作時大不相同，也是準（新）退休族最難調適的地方。當然這個觀念的前提是擁有財富已超越溫飽線，如果不具備這個條件，做法必定不同，但不在本書討論範圍之內。

其次，錢足夠就好，而不是多多益善，這點也和年輕時的想法不一樣。事實是，當人生來到這個階段，「剩餘」不但不代表「富足」，甚至可能代表麻煩和困擾。有位看過我文章的朋友告訴我，他只要每天開店就能賺錢，賺到七十歲突然產生困惑，累積的財富夠用好幾輩子，卻永遠當不成富豪，賺錢意義何在？

我沒有小孩，但有三個小孩的昇輝對於留下金錢給下一代的想法，我深表同意。他說能不留就不留，也不要期待養兒防老，這麼做對雙方都有利無害。如果一定要留，就以法律規定遺產稅的免稅額加扣除額為上限，再多就要繳很多無謂的稅金給政府了！

簡單地說，退休之後，沒有了固定收入，更需要量入為出，但這個階段生活的重心不是工作，而是生活本身；管理金錢的重點不是努力賺錢，而是努力花錢。況且理財不同於工作，如果努力能保證回報，那就理吧——問題是不能。唯一可以保證的是，退休之後把過多時間花在號子裡，是生命的一大浪費！

其實，根據我的觀察，在退休三大支柱中，金錢雖然是準退休族們最關心煩惱的項目，卻很可能是退休後問題最小的項目，這代人經歷台灣經濟快速成長，多數有財務基礎，加上有危機意識自然有因應準備。因此，對於金錢，我的建議是與其花許多時間與精神理財，不如盡快建立起正確的金錢觀。

退休需要多少錢？

這個問題三不五時就會被人拿出來討論，也是我過去幾年被人問到次數最多的問題。其實《45歲》中對此就有完整敘述，幾年後，看到昇輝書中提出的建議時，我對兩人想法和做法的相似程度嚇了一跳。當時頗為驕傲，因為他是理財專家，而我大概只是瞎貓碰上死耗子。

好吧，究竟需要多少錢？在講任何具體數字之前，先要回答一個問題，和符合三個前提條件。

一個問題是：退休後平均要花多少生活費？

不要以為這個問題簡單，除非有相當程度的生活規劃，並透過一段時間記帳，否則很難精確回答。我最近看到一個研究調查問準退休族退休需要多少錢，大夥回答天差地遠，但最吸引我注意的是，約有四成的人回答「不知道」，正是代表許多人根本沒有仔細想過這個問題。

三個前提是：

- **沒有負債**
- **足夠的保險**
- **擁有自住房**

負債包含房貸在內的各種貸款，不要拿理財賺的錢來養貸款。之前說過，退休後錢是用來花的，除非必要，不要多費心思在金錢管理上。同樣道理，保險純粹為防意外和應付醫療需要，不要當成理財工具。而既然錢是用來花的，房子就是用來住的，有自住房才不用繳交等同負債的租金。

符合這三個條件其實不如許多人所想的困難，保險既不為理財，只需在現有的健保基礎上，增加一些壽險和老年醫療需要就好。至於房子，不要以為只有帝寶才能住人，更沒有人規定退休族一定要住在房價物價高昂的城市裡。

假設通過以上一個問題和三個前提的關卡，現在可以正式宣布答案了！我給你兩組答案，一組是我的，另一組是退休樂活理財專家施昇輝的。

我的答案：如果一個月花五萬，退休準備金需要一千萬。算法是假設年投資回報率六%，一年的收益就是六十萬，除以十二個月，剛好等於每月需要的五萬。

施昇輝的答案：如果一年花五十萬，需要 50×22 = 1100 萬。算法是假設年投資回報率五%，一千萬可滿足需要，多一百萬是為了應付金融風暴等突發狀況。

看出來了嗎？我倆對退休理財的概念幾乎完全一致，唯一差別是他抓投資回報比我稍微保守一點點而已。當然啦！所有這些前提還得回到保守穩健的原則，以及把賺來的錢花掉。

我知道上述財務目標對某些人來說依然很遙遠，但對於大批嬰兒潮世代，曾經歷過台灣錢淹腳目年代的中產階級，以及退休福利完善的公務人員來說，即使不是已經達標，應該也是在一個合理可企及的範圍之內。

如果你還在為到底需要多少錢才能退休而煩惱，建議你先從回答一個問題，和符合三個前提著手做準備。我的經驗是，數字最大的功用其實是提供安全感，如果事先規劃不足，準退休族對數字的要求就會一變再變，越變越大；而一旦做好準備，許多人可能會發現，退休的財務門檻甚至不如原先所想的那麼高！

錢是必要工具，但不是目標本身

到大學母校演講，聯絡人說校友們對我能在四十五歲退休感到好奇，希望我能分享經驗。一口答應的同時心中卻沒譜，校友年齡層分佈廣泛，從事的行業、家庭背景等差異可能很大，要面面俱到很不容易，為此，我特地向谷歌大神請示一番。

不出所料，不分年齡職業，說到退休，通常人們的首要考量必定是錢；網路上的文章和退休相關書籍談得最多的就是理財。可越是這樣，我越希望告訴大家，健康和快樂之於退休的重要性，一點都不下於金錢；而這三個看似不相干的元素，實際上會相互作用。

演講過程中，我首先要求大家接受一個前提：「錢是必要工具，但不是目標本身，錢的功用是幫助我們完成人生目標」。在這個前提下，能否培養健康身心，發揮自身特長，與金錢確實有因果關係；但同樣在這個前提下，自發過簡樸生活，空出時間精神實現自我，就成了自然而然的結果。

演講結束，討論頗熱烈，但有趣的是，多數提問依然繞著理財這個環節打轉，看來我本想刻意淡化「錢」的努力還是失敗了。既然如此，繞不開就正面迎戰，再怎麼說，金錢本來就是退休三大支柱之一，當然值得討論。

問：你現在的收入來源是什麼？如何投資理財？

答：我不是理財專家，主要收入來源是利息和低風險投資，平日生活簡單，開銷不大。退休至今，即使經歷多次金融風暴，都沒有特別煩惱過錢財的事。有趣的是，當年選擇離開職場是犧牲收入，賺取自由；後來反而因為做自己愛做的事，而賺到包括環遊世界在內的旅行經費。證明了一句話：財富不一定能帶來快樂，快樂經常能創造財富！

問：你說搬到高雄居住是因為房價物價低，但你住的那個區域我很熟，是市中心，房價不便宜又容易漲價，所以別講得那麼客氣，看來你也是個有錢人啊！

答：沒客氣，我比窮人有錢，比有錢人窮！我在意的是生活內容，高雄符合我現階段生活需求，房子買得起就買了，沒考慮漲跌。錢很重要，但它是用來提供幫助，而不是阻撓或延後我過想過的生活。況且，是不是有錢人是和別人比較的結果，人生是自己的，時間不長，享受生活都來不及，為什麼要在他人的眼光中浪費生命？

問：你說許多人退休後致力於職志的追求，還經常因此成名賺錢，所以不妨冒點風險，轉換人生跑道，這麼說來，一切還是為了錢啊！

答：簡單說，對職志的追求就是在實現自我。全身心投入自身所長，經常能創造卓越，卓越的創造經常能得到金錢的回報。拿我老婆當例子，她喜歡畫畫，努力畫畫的回報是創造和分享的樂趣，如果有一天真能開畫展、成名賺錢，當然很棒，不行也無所謂，因為那不是本來的目的。我不是不愛名利，我愛死了，但也愛其他東西，如果追求名利代表無法兼顧休閒、家庭、健康、職志這些同樣重要的事物，那也只好割愛。

問：你的生活哲學似乎和某些宗教教義有類似之處，你對宗教看法如何？

答：我不信教，但對各個宗教都保持尊敬和好奇，或許哪天想開了（或想不開），就會去信。我既沒有看破紅塵也不懂修行，只是不願意為了一個好東西犧牲另一個好東西而已，真要說和別人有什麼不同，可能是我對好東西的認知範圍比較寬廣，碰巧這點跟宗教勸人淡泊名利有些許類似之處。我不理解為什麼有那麼多人把金錢價值看得過高的同時，還能成為一個虔誠教徒，他們真的了解認同教義嗎？

那天的演講對部分校友和我自己來說，都可算是一種文化衝擊，他們期待聽到理財撇步，結果大失所望；而我把「金錢是工具，不是目標」想得太理所當然，結果備受挑戰。即使如此，會後仍有超過半數校友買了我的書，我不確定這場演講是否能帶給他們新想法，可以確定的是我不想（也沒資格）傳教，只想用親身經歷說明一件事——人生大事真的不止錢！錢！錢！

你值得更好的生活

二〇一四年台灣社會發生一件不大不小的事，南港輪胎一位協理利用職務之便，多年來累積收賄二十億元，其中包括被警方在家中找到的近三億元現金。媒體報導重點大都放在這位協理和家人生活多麼簡單樸素，鄰居驚訝他怎會那麼有錢，以及放置三億現金需要多大空間、重量多少等等。

這則新聞看得我嘖嘖稱奇，坦白說，錢財人人愛，令人百思不解的倒不是他為何鋌而走險，而是：

- 他辛辛苦苦搞那麼多錢究竟為什麼？
- 他和老婆都早已年過六十，此時不花錢，只怕以後也沒時間花了，為什麼不早點退休享受人生？
- 他在海外有五十個戶頭和一個人頭公司，我連處理兩個國內帳戶都嫌麻煩，他不焦頭爛額才怪，哪來生活品質可言？
- 台灣媒體一向嗜血，為何對他的家庭背景、犯案動機、精神狀態等不加以分析報導？

回答這些問題不難，說穿了，這位老兄賺錢的目的就是賺錢本身，而不是為了滿足任何特定需要。他能賺就賺，不賺白不賺，永遠賺不夠，不賺就不知做什麼。事實是，他的價值觀和社會主流沒有太大的差異，生活方式也和一般人沒什麼不同。正因如此，媒體懶得深入研究此人，觀眾同樣未察覺此事有何奧妙之處，這是個標準的「房間裡的大象」現象——所有人都看見了，卻全都在潛意識中選擇忽視它的存在！

相信這則新聞很快會被大家遺忘，但我認為它的重要性其實超越許多其他被大肆報導的事件。面對此現象，如果人們只能對堆積如山的鈔票發出驚嘆，卻看不見背後的荒誕不經，那麼，即使不會像那位協理一樣被關在監牢裡，也很難避免被金錢堆成的無形牢籠桎梏終身。

花掉的是錢，沒花的是紙

某次我應邀到證券公司分享旅遊南美的經歷，在那之前股票市場跌跌不休，會場內氣氛頗為凝重，總經理開場致辭時還藉機為大家加油打氣。

這種感覺，我以前在職場上班時再熟悉不過。這家公司已經算不錯了，還會定期舉辦讀書分享活動，讓員工在繁忙工作之餘有喘息、進修的機會；其他大部分上班族只能用有限的休閒時間，自己想辦法療癒被工作長期壓迫的身心。

演講結束和幾位留下來的同仁聊天，其中一位說：「你去一趟南美

一、兩個月，花二十幾萬，完成許多人心中的夢想；而我有一堆客戶什麼事都沒做，股票一天就可以賠幾十幾百萬，這筆帳真不知該怎麼算？」

另一位說：「不管了，我要跟老闆請一個月的假。我今年五十二歲，過去幾十年，股票漲也好、跌也好，我都忙得像狗一樣，想旅行不是沒錢，是沒時間和心情，現在再不去只怕以後也去不了。老闆如果不准假，乾脆考慮退休！」最後還加上一句「他×的」表示決心。

類似反應我聽過不少，當然不是每個人都愛旅行，但不管心願是什麼，要實現除了錢之外，還要時間和健康。錢來來去去，時間和健康一去不返。像某些股市名人一樣，放著萬貫家產不花，成天泡在號子裡玩數字遊戲固然可怕，但更可怕的是，周圍這樣的人還真不少。

說穿了，道理其實很簡單，所謂：「錢有兩種，花掉的是錢，沒花的是紙，紙放久了就成遺產！」

金錢觀大不同

世界雖然早已是平的，東西文化依然有許多本質上的差異，也因此造成許多行為上的差異，其中很明顯的一項，就是對金錢的看法。

鈔票人人愛，這點沒有東西方的區別，區別在於對錢的使用方法。一般來說，西方人在達到一定物質水平後，會轉而追求乾淨環境、悠閒生活、興趣嗜好和心靈提升等不是那麼顯露於外，可以被外人看見的東西；對成功人生的定義，除了財富名聲之外，也考量家庭、健康等其他面向，尤其注重自我實現。

而東方人在達到一定物質水平後，追求的通常是更高的物質水平，例如更大的房子、更快的車子、更高水準的子女教育、更多的銀行存款等。努力大都以得到外界認可為出發點，從唸書求學到成家立業都是如此，習慣用看得見的財富名聲作為判定成敗的標準。以致於雖然許多人不喜歡有錢人，但人人都想成為有錢人。

東西方對死亡的態度也影響用錢的方法，西方人不避諱面對死亡，年輕時就開始考慮人生終點，自然形成在生命有限的前提下設定合理目標，然後把錢花在能幫助自己完成人生目標的地方。也就是說，錢對他們來說是工具，不夠不行，但多了也沒用，所以才會有「破產上天堂」的說法。

東方人成年進入社會之後，人生目標基本上全都和榮華富貴脫不了關係，錢是最主要的追求標的，沒有足夠，只有越多越好。大半輩子只做和賺錢相關的事，退休後很容易像洩了氣的皮球，至於年輕時曾有過的理想和興趣，不是早已放棄遺忘，就是因為不能賺錢而感覺浪費力氣。

東方人比較節儉，除了和經濟發展程度有關外，更重要的是消費認知上的不同。東方人即使花錢也經常是為了賺更多的錢，譬如買房子第一個考量通常不是生活品質，而是會不會升值，大夥邊喊貴邊搶買，投入人生大半資產，為紙上身價上漲感到心滿意足，卻無法真正享受辛苦努力的成果。

西方人較沒有「有土斯有財」的觀念，消費意識也比較強，賺來的錢大都花掉，或甚至超前消費，因此許多外表狀似闊綽的西方人，銀行帳戶卻沒什麼餘錢，是東方人眼中標準的「空心大佬官」。

這樣區分東西其實過於籠統，其中還有很多差異，譬如印度是東方國家，許多印度人的安貧樂道就跟上述情況大不相同，而西方人為錢財殺人放火也是司空見慣。價值觀形成有其歷史文化背景，無所謂對錯，

但也沒必要把它們視為理所當然，看看別人，想想自己，做最合適選擇，
善哉善哉！

達成財務自由

所謂財務自由的定義很簡單，只要長期保持賺的錢比花的多，不管多的是一百萬還是一塊錢，都叫做財務自由。人人都想財務自由，要盡快達到有兩種方法，第一種是多賺點錢，賺快點；第二種是少花點錢，花慢點。哪一種方法較容易？顯而易見是第二種。

對還在職場打拼的人來說，如果願意過簡單樸素，不被物欲牽著鼻子走的生活，財務自由就是一個可以規劃和企及的目標；對於放不下身段，總認為心目中的理想人生需要擁有更多物品、獲得更高享受的人來說，財務目標只會越追越高，永無達成的一天。

經由自發過簡樸生活而達到財務自由，目的是可以在沒有金錢壓力下，專心從事自己真正想做的事。追求更多物質享受的人，總是活在外界眼光當中，時時擔心被人看不起，一旦離開競爭攀比的「江湖」，就會失落沮喪，不知如何自處。

要解決「面子」問題，必須建立除了榮華富貴以外的人生目標。生活中有了和金錢同等、甚至更重要的事物，才可能放棄追求更大的房子，更快的車子，改用學習成長娛樂自己；也才可能放棄追求華麗的衣飾，名貴的珠寶，改用精神富足裝扮自己。

自發性簡樸除了能降低財務自由門檻，還能透過簡單生活使人心思清明，有餘力處理諸如人際關係、身體健康等困難複雜，以前不知如何下手的問題，並做出必要的決定和行動，讓生活不止在外表上清清爽爽，內心同樣清潔溜溜。

賺飽了？賺夠了？

某次受公益社團邀約演講，對象全數是事業有成的中年男性，當主持人介紹我：「曾是外商公司主管，四十五歲退休……」時，聽眾群中冒出好幾句，像是「賺好幾桶金」、「賺飽了」之類的回應，我笑笑沒說話。

退休以來，已數不清這是第幾次聽到「賺飽了」這句話，一開始還認真回問對方：「什麼是賺飽了？你有賺飽的一天嗎？」後來發現這樣的辯解毫無意義，一來對方沒有惡意（甚至可說是恭維），加上社會對金錢有根深蒂固的看法，不會因為一個路人甲的三言兩語就有所改變，於是我學會沉默微笑。

通常狀況是，一個打算存一千萬退休的人，存到後改口說三千萬才夠，存到三千萬要五千萬，存到五千萬要一億，一億更不退，錢那麼好賺幹嘛退！事實是，只要還有生財能力，就沒有賺飽了這回事；甚至退休後賺錢無門，還常把精力轉到省錢上，許多不缺錢的老人徹夜排隊買打折品就是一例。

沒有賺飽了，但有賺夠了，夠到養活自己和家人過一段長時間簡單樸素的生活，目的是空出時間精力，在沒有金錢壓力下，做自己真正想做的事。兩者差異是，「賺飽了」的價值前提是錢多多益善，「賺夠了」是錢足夠就好；「賺飽了」以錢為追求目標，「賺夠了」把錢當成追求目標的工具。

當然我不會隨便跟外人說我四十五歲退休是因為「賺夠了」，即使那是事實，聽在別人耳裡可不見得是我想表達的意思。同樣道理，退休以後，本來不是為了賺錢，卻因為做自己喜歡做的事而賺到錢，於是更堅定走在自我實現的人生道路上，就更難跟外人解釋了。

說這麼多，結論是：別人愛怎麼說就怎麼說吧！我不敢說我的想法和做法一定對，或適合所有人，但相信應該能為這個同質性奇高的社會，提供一個活生生的見證，證明錢可以有不同的價值，生活也可以有不同的過法。至於我到底有沒有賺飽、賺翻、賺好幾桶，誰在乎？

自己的錢自己花

一天和老婆一起到附近中藥房買黃蓮，見到七十多歲的老老闆坐在門口，手中拿著放大鏡，皺著眉頭，正在一大盆燕窩中挑雜毛。以下是老婆和他的一段對話：

老婆：你這樣眼睛不會酸嗎？
老闆：有什麼辦法，錢不好賺！
老婆：賺那麼多錢做什麼？
老闆：留給小孩啊！

我瞄了一眼在店內約莫三四十歲，正在幫我們包黃蓮的年輕老闆。

老婆：為什麼要留給小孩，自己花呀！

老闆：有呀，花不完啊！

老婆：哪有花不完的，借問你怎麼花？

老闆：朋友來我家，我都請他們吃最好的，吃不夠再一直加。

這時已結完帳，老婆沒再繼續追問。這段對話讓我產生幾個念頭：

- 一般人辛苦打拼，練就一身賺錢的十八般武藝，花錢技術卻是馬馬虎虎。
- 與其說不會花錢，應該說不會生活，一生被錢制約，難以實現自我。
- 多數人休閒娛樂不脫吃跟買，只求短暫滿足欲望，無法帶來內心喜悅。

● 富不過三代，其來有自。

● 南部人比較可愛，台北老闆恐怕不會那麼率真坦白。

理財達人說年輕時要努力工作，用力存錢；進入人生下半場要輕鬆賺，用力花。道理不難懂，但做到的人確實不多！

如何選擇生活住居

令一棟房子成為一個家的，是家人。

——珍妮佛·哈德森，歌手

商業社會將舒適看得比喜悅更重，將方便看得比自由更重，將空調溫度看得比內心火焰更重。

——赫曼·赫塞，詩人

許多終身租房的人，擁有自己的家；許多擁有不動產的人，自以為有個家，到頭來才發現只是有棟房子。

——布魯斯·巴頓，企業家

不要讓別人的意見淹沒你內心的聲音；更重要的是，要有勇氣追隨你的心和直覺。

——史提夫·賈伯斯，企業家

退休住哪裡？

準備退休金最大變數是住房，因為生活必需的食衣住行中，最花錢的就是住。最近一個大型研究調查報告顯示，台灣民眾認為「不含房屋資產，平均來說，要存一千零七十一萬元才夠支應退休生活所需」，這句話的重點其實不在數字，因為因人而異；而是「不含房屋資產」這個前提條件。

同樣是住人的房屋，價值卻天差地別。假設有兩個退休同樣需要一千萬的人，A的房產值三千萬，但沒有其他資產、B的房產值八百萬，其他資產一千萬；很明顯，A的「身家」較高，卻沒有資格退休，B只要願意隨時可退，但如果Ａ願意將現有房產換成低於兩千萬，就和Ｂ一樣，可以立刻加入財務自由的行列。

而且非但財務可以獲得自由，許多過去從來不敢想像的好康，只要在住房上做出調整妥協，就可能因此美夢成真。美國有對夫妻，將房產和大部分家具賣掉，租間小倉庫放置私人物品，然後開始用 long stay 的方式環遊世界，在每一個心儀已久的地方，少則住一、兩個月，多則一年半載。

在他們寫的《幹嘛不旅行》（*Home Sweet Anywhere*）一書中，作者說：「分享我們獨特的生活方式，並非是要讓其他人覺得非得徹底改變自己的人生。我們只是想強調，只要你覺得自己辦得到，就可以享受新鮮活力的生命歷程。」說得好！我也不是建議你立刻將書放下，衝出去賣房，而是真正跳出框架，考慮生活的所有可能性。

不止要從財務的角度考慮，更要從生活的角度考量，退休後的生活形態和退休前大不相同，現在的居所是否仍然合適？我問過許多人這個問題，結果似乎很少有人真正認真思考過，多數人將事情想得過於理所當然，未考慮的原因大都不出熟悉、醫療、家人、朋友圈等。

不是說這些理由不好，愛住哪裡本來就很主觀，只是這些問題真的都無法解決嗎？稍微深入探詢後，我發現多數人沒有認真思考的真正原因其實是害怕改變，這是人之常情，我們從小到大所經歷過的生活環境重大改變，大都和就學、就業有關，一旦少了這些外在因素，似乎就失去了改變的動力。

我說這些並不代表退休後，大夥就都該移居花東或外島，過閒雲野鶴的生活，而是代表只要可能，退休者應該盡量避免在生活費用高昂的城市裡人擠人，反而應該利用這一生只有一次的機會，整體考量生活型態、家庭、氣候、興趣、職志、財務等，主動出擊，挑選最適合自己的生活環境。

旅行是多數退休者最喜歡從事的活動，如果把旅行的概念擴大一些，時間拉長一些，其實不過是「換個地方過生活」，而這正是那對美國夫妻做的事。他們當然也得付出一些代價，例如與親人相聚時間減少，醫療保險費用較高等等；但就像之前所說，我們不必模仿他們的行為，但可以學習他們的精神。

有回我問一位早已退休的長輩為何住在台北，他想了一下說：「seven多，方便。」我說：「高雄也有seven耶！」他說：「真的啊？」……許多事情不嘗試不知道，在我們終將步入老年，落葉歸根之前，不要浪費自由移動所帶來的不同生活體驗，與實現人生夢想的大好機會。

台北房價為何貴？

前陣子有調查指出，台北市房價收入比超過十五，世界第一、新北市不遑多讓，排名第三。各方檢討大都指向政府打房不力。個人認為政府只能防違法或投機，資本主義社會決定房價的最主要因素永遠是供需，紐約、倫敦等大城房價高，正是因為來自世界各地的人們湧入，高需求自然形成高房價。

台北房價之所以高，是因為幾個具有台灣特色的因素。一是一般人對房地產「擁有重於使用」的價值觀，房子的功用是居住，但在台灣比住更重要的是增值。過去幾十年的歷史證明，只要在台北買房幾乎穩賺不賠，而且賺錢速度比其他方式都快。事實是，台灣多數有錢人的財富和房產關係密切。

國外大城房價高，租金也高，租金和房價本來就應該密切掛鉤，但台北的租售比可以讓不了解內情的人大吃一驚，因為相較於房價，更真實反應房地產使用狀況的租金低得太多。換句話說，在台北居住的主要門檻不是使用房屋，而是擁有房屋。

另一個原因是一般台灣人對社會階級和生活品質的看法。陳文茜曾寫了篇文章名為〈這個國家，太對不起年輕人〉，文中說到年輕人需要在台北工作才能進入人生勝利組，還說「如今在台北擁有一間像樣的房子，已經成為台灣整個社會階級的象徵，在台北沒有一棟房子，代表你的孩子皆是魯蛇。」

國外大城也有許多來自外地的人群，但落地生根的並不多，原因是大城市整體生活品質不佳，擁擠、噪音、污染嚴重和人際關係緊張等，所謂的成功人士大都在城市工作，住在郊區。有趣的是，這些問題似乎全都不困擾台灣人，一般認為住家環境越熱鬧越好，住在全台最熱鬧的台北市區最好。

價值觀無所謂是非高低，就算台北房價只漲不跌違反所有經濟學原理，也不能說上述台灣特色是錯的，但可以確定的是，必有值得探討反省的地方，例如：

1. 身家增加不代表財富增加。有句話說：「擁有金錢的唯一好處是使用它」，許多台北的「有錢人」將大部分財產坐在屁股下面，隨房價上漲，紙上財富不斷增加，卻終其一生難得使用。我認識一位打算將台北房產賣掉出國的人，朋友警告他，一旦離開，就很難再搬回來！這或許是事實，但另一個事實是，如果不賣，他就永遠享受不到「擁有金錢的唯一好處」。

2. 人往高處爬？如果在台灣的首善之區台北擁有一席之地代表人生勝利，那在世界首善之區紐約、倫敦擁有房產是不是更勝利一點？可能有人會說那是洋人的地盤，離我們太遙遠，其實不然，只要在這些地方走一遭，會發現什麼國家的人都有，國際都會的房價是被全世界推高的，而台北大概是純粹被自家人炒上天的全球唯一案例。

我是土生土長的台北市人，三十多歲第一次置產跑到汐止買了間預售屋，還沒蓋好就碰上林肯大郡倒塌，房價一夜滑坡；剛好工作外調海外，於是斷尾賣房。在澳洲和北京工作五年後，二〇〇〇年回台，多了點積蓄，長了些見識，本打算再次在台北買房，一打聽價格，記得當時開玩笑說，台北的一間普通公寓夠買半個雪梨歌劇院，即使買得起，也因為覺得不值而租房。

後來我曾在國外不止一處置產，卻從未動過在老家台北買房的念頭。幾年前回台定居，考量各種因素，最終決定住在更宜居，房價卻只有台北五分之一的高雄。親友覺得匪夷所思，警告我高雄房價不會漲，我說買房是用來住的，沒考慮漲跌，他們都覺得我怪怪的，還說「哪有台北人搬到南部去住的？」

有一位朋友在台北買了間三千萬的公寓，我算筆帳給他聽，三千萬台幣就是一百萬美金，這麼多錢還可以在哪些地方買房？答案是：全．世．界！而且在大部分地方，包括台北以外的台灣，都可以買豪宅。他的回答倒也簡單明嘹：「可是台北是我唯一熟悉的大城市啊！」

東扯西扯那麼多就是要說明，只要全台兩千三百萬人繼續前仆後繼想成為天龍國一員，繼續認為擁有資產比生活本身更有價值，繼續覺得熟悉方便比居住品質更重要，台北房價就會繼續貴下去。這樣的高房價比泡沫更糟糕，因為泡沫形成過程中還有贏家和輸家，而台北的高房價只會造成有房和無房者的共同焦慮，除了建商，無人得利。

台北房價是人們價值觀的產物，期待政府改善效果不大。在多數人想法沒有改變以前，我的建議是，即使中樂透也不要買台北房產；如果已經擁有，只要可能就賣了吧！鈔票放在口袋裡比較好用，而且只要願意，還可以繼續住台北。總之，世界很大，生命很短，實在沒有必要被台北的三房兩廳綁住精彩人生！

買房學問大

幾年前朋友來我剛入住一個月的高雄新家做客，聊起買房經驗。他和我同樣是台北人，工作關係已在高雄租屋居住十四年，期間雖然一直有置產打算，也經常在台北、高雄兩地看房，但至今依然沒有採取行動。一來是因為老家所在的台北房價近年漲得太快，儲蓄追不上；二是現居的高雄房價近年沒什麼變化，有些區域甚至比十年前還低，買了怕會貶值。

這兩個原因聽起來有點相互矛盾，卻也都是事實，眼前最合理的選項似乎是等其中一個原因消失，然後抓緊機會下手，但我很懷疑這樣的等待是否值得？

我比這位朋友大幾歲，有過類似經歷，人生首次購房時已是三十多歲，為了給丈母娘一個交代，用全部積蓄在市郊買了一個小坪數的預售屋，由於房子還在興建，結婚後就繼續住在父母家中。

當時雖沒考慮增不增值，但沒想到買後房價一路下行，過了兩年房子還沒蓋好就碰上工作外調海外，乾脆就賠錢賣了這間沒緣的房子。幾年後回台，銀行存款多了一些，但台北房價跑得更快，更重要的是，在國外生活一段時間，不但對居住品質要求提高，也對居住地點的選擇放寬許多，於是決定與其辛苦購買昂貴的台北居所，不如先租房，再走著瞧。

第二次買房純屬腦袋發燒，因為喜歡大海，且在澳洲工作，有幾年常跑黃金海岸。某次渡假時和街上碰到的房屋仲介聊天，隔兩天中午又約見面，下午就付訂簽約。不過當我滿心歡喜回台灣跟家人報告這個大消息，卻被老丈人潑了一盆冷水，他說的也有道理，在自己家鄉連一個安身立命的地方都沒有，居然就先在國外買了渡假屋，是不是有點本末倒置？

事後回想，或許當時有些觀念正在腦中成型：家不等同房子，世界之大之美，生活何須留戀一隅？

這間黃金海岸的渡假小屋在平時無人居住時雖可按日出租，但這算盤打得並不如想像中如意，租金回報還不夠付貸款利息，又因為工作調離澳洲後，路途遙遠、旅費不貲，前往居住時間其實相當有限。在擁抱夢幻小屋三年後，最終還是決定賣房走人。雖沒賠錢，但也沒賺什麼錢，賺到的僅是對於過日子的不同型態，增加了許多見識。

另一個賣掉澳洲房子的原因，其實是需要錢在北京買房。當時已在北京工作了幾年，對城市本身和生活方式有一定了解，房價又還在起步階段，於是決定買房。這是在我退休前幾年的事，也就是說，我在北京從一個外商公司外派人員，一直住到變成社會閒雜人等。

這幾段買賣房屋的經驗讓我體會到，房屋最大價值不是房子本身，而是它所帶來的生活經歷。房屋的本質其實跟一件衣服沒有太大的區別，能夠滿足人們在特定時期的特定需求，如此而已，無論多大多美，終究是個身外之物。

在買下現在的高雄住所前，我倆只看了一次房子，或許聽起來有點草率，換個更恰當的說法是，離開北京搬到高雄是個醞釀多時，深思熟慮的決定，是從不同生活體驗中檢討反省的結果，也就是清楚知道自己在人生不同階段要什麼和不要什麼，這件事可一點都不草率！

雖然住進來才發現這房子有採光不足，停車位狹窄等不足之處，但碰上不預期的問題本就在預期之內，天下本就不存在完美。與此同時，南台灣的好氣候，好人情，不經意碰上的各式小店，臨近縣市的小鎮漁村等，不止為每天生活帶來預期之內的愉快，更有預期之外的驚喜。

幾杯威士忌下肚，我對朋友說，我不是專家，過去買房增值的機率是百分之五十，和瞎猜持平。但有一件事可以確定，那就是如果什麼事都要等如何如何，才怎樣怎樣的話，大概什麼事都不會發生了！此外，我沒說出口的還有對「有土斯有財」之類傳統觀念的質疑，我相信老祖宗說這些必有其道理，但生活在二十一世紀的我們，難道不該做些與時俱進的調整嗎？

總之，我建議他考量眼前自己和家人的需求，在經濟能力範圍內，就別再猶豫觀望了。沒錯，買房是人生大事，需要謹慎再謹慎，但機關算盡總也算不過天意，如果因此錯過精彩生活，才真的得不償失。換個角度看買房這件龐大複雜的事情，在跳出世俗眼光，搞清自身價值體系後，或許真的不比買件衣服龐大複雜多少！

紙上財富

我在沒有多少心理準備的情況下，賣了在北京的房子。準備不足是因為打算搬回台灣，才剛起了賣房念頭還來不及聯繫仲介，某天坐在家中看電視，就突然接到電話說有人對我的房子有興趣。當時沒在意，隨便說個價錢，沒想到對方來真的，而且急如星火。

接下來幾天忙著按照仲介的指示辦理相關事宜，一陣混亂後，也就是在接到那通電話的第五天下午，就辦完了全部的手續，之後我坐在理論上已不屬於自己的家中，首次靜下心回想整件事。

這不是我第一次賣房，卻是第一次感受到買賣不動產的財富效應。過去幾年北京房價的變化我不是不知道，只是沒有打算買賣的時候，所謂的增值，連紙上財富都算不上，如今看著電腦螢幕上的銀行賬戶餘額，一切顯得如此不真實。

我一向沒有偏財運，年輕時投資理財全以大敗收場，造就的心態倒也簡單，想累積財富，就乖乖努力工作。在大企業中用力撞了二十幾年鐘，賺不了大錢，但只要願意簡樸過日子，儲蓄就足夠支付退休生活日常所需。

有些人認定我必定是發了什麼橫財，否則哪會在盛年時退出生財行列，就算吃穿無虞，可是錢不是越多越好嗎？剛退下來時確實經歷過一段心理鬥爭，但隨著生活展開，底氣越來越足。記得有回和朋友聚會談到此事，我脫口說了一句：「我不缺錢。」當時自以為陳述一個簡單事實，友人聽了卻大驚失色，心中大概在想：「此人必定家財萬貫，口氣才會如此猖狂！」

事實是，因為我們處於功利社會，潛移默化間培養出金錢至上的主流價值觀，所以和錢相關的事物，總能比其他事物更有效牽動人們的七情六欲，決定人們的行動方向，我不能確定這樣的價值觀有什麼問題，可以確定的是，當面對突如其來的財富時，我們原本簡單平靜的心態都會變得混亂複雜！

複雜的元素大部分是興奮，雖然比起真正的有錢人，這點錢不算什麼，但對我來說，可是人生第一次擁有的財富啊！其次才是惶恐，辛勤工作二十多年只存那麼點錢，沒事搬個家錢卻從天上掉下來，不勞而獲著實令人感到不安；另外竟然還有一絲歉疚，過去經常寫文章鼓吹錢足夠就好，賣房使我的道德立場軟化不少。

親友問我此後生活將有何變化，我說除了增加旅行外，其他沒有影響。賣房前本不缺錢，現在也一樣，這幾年已經形成的生活習慣，例如以腳踏車為主要交通工具、上經濟型餐廳等，沒必要改變。親友聽了不大相信，其實連我自己也有點懷疑，真的能用和社會主流完全不同的態度來看待金錢嗎？

恐怕還需要一段時間才能知道答案，眼前我不打算過於介意親友們的看法。坦白說，對於長久以來傳統金錢觀造成的各種身心束縛，我早已厭煩，人只要為自己的行為負責就好，別人愛怎麼說就怎麼說吧！

當務之急，是重新找回原本平靜的心態。賣房前的生活衣食不缺、精神富足，賣房後反倒惶惶不可終日，看不了書寫不了字，何苦來哉？想想看，人如果因為缺錢造成困擾，那是迫不得已；如果因為財富增加而憂心煩惱，那不是太笨是什麼？

選擇適合自己的居住環境

我在台北市出生長大，三十六歲以前，除了上大學和當兵外，台北是我的整個世界，幾乎沒有一個角落是未曾到過的。三十六歲以後的十幾年，因為工作，大部分時間生活在海外，四年前回台，選擇定居高雄，每個月起碼跑一趟台北探親和辦事。

不知為何，這幾年跑下來，我對這個熟悉到不行的城市有了越來越強烈的陌生感。仔細想想，顯然不是因為多了一個一〇一大樓，或捷運車站越來越密，台北過去二十多年外觀其實變化不大，多數街道樹木以前什麼樣，現在還是那個樣。

那是為什麼？我為這問題納悶了一段時間，直到前幾天再度北上，行走在人潮洶湧的捷運站，我忽然明白，不是城市變了，是城市中的人變了！變得心事重重，步伐急促；變得時而面無表情，時而裝腔作勢……變得臉上沒有了笑容！

照說不管經濟發展、人才流向，台北都遙遙領先台灣其他縣市。拿我現在居住的高雄為例，這個曾經唯二的院轄市，以前還能和台北一別苗頭。現在呢？成績好的學生搶著去台北念書，能力強的年輕人搶著去台北工作，有錢的父母搶著幫子女在台北置產，大家想盡辦法，就為在台北搶得一席之地。

這樣的磁吸效應在國際大城並不少見，只是相比之下，台北有類似的繁榮景象，卻少了一股樂觀進取。人們忙忙碌碌，臉上卻沒有因為打拚向上而流露出的充實自信，有的是煩惱不耐和埋怨自憐，似乎所有人都處在一種權益隨時可能被侵犯的緊張狀態之下，難以從容欣賞和關懷周遭人事物。

有人會說，台北排隊文化發達，電扶梯靠邊站，博愛座讓位，而且熱情好客在國際也很有名，怎說不關懷別人？問題是這些行為，有多少發自內心，又有多少來自社會壓力？如果發自內心，該如何解釋一個走路坐車守規矩的人，一上駕駛座就爭先恐後，不顧他人？至於好客和助人，恐怕還得先看看對方的膚色才來決定熱情程度。

台灣不大，交通又發達，但是南北之間隔閡大得讓人不知該啞然失笑，還是搖頭嘆息。幾年前回台，台北親友聽說我要住到南部都很驚訝，他們說高雄生活環境差，南部人不守規矩等。這幾年住下來我發現高雄確實有不少缺點，只是這些缺點大都和台灣整體環境有關，所謂的南北差距，不過是五十步和百步之差而已。

當我反過來問台北親友為何要住在台北時，最常聽到的理由之一是方便。台北的確夠方便，超商密度世界第一；但是話說回來，那麼方便要幹嘛？除了商業密集容易破壞居住環境外，還可能刺激沒必要的消費。這些都還其次，方便的好處不就是省時間嗎？請問大家把省下來的時間用哪去了？

根據調查，台灣最主要休閒活動前兩名是吃美食和看電視。民以食為天，我們還真把吃看得和天一樣大。找美食，吃美食，聊美食，拍美食，報導美食，種種這些讓人懷疑台灣的美食文化是否已經走火入魔？鑽研美食加上運動風氣不振，形成的是怎樣一道「美麗」的風景線？

多看電視傷身傷神早有科學根據，台灣的電視節目還有傷心的效果。新聞報導本地事件鉅細靡遺，卻忘了台灣之外還有一整個世界的存在；本土連續劇和韓劇相互切磋砥礪，目的是把嫉妒、復仇、中傷、霸凌、愛面子等人性中的陰暗面發揚光大，多看保證把一個原來好好的人搞得滿腹哀怨。

精英聚集的地方當然不只有魯蛇，但英文字「Loser」除了描述失敗外，還有另一層較抽象的含義，用來形容一個人總是不滿現狀，卻不敢嘗試改變；嫉妒比自己強的人，瞧不起比自己差的人；用小確幸麻醉自己，卻失去追尋更高遠目標的能力；成天唉聲嘆氣，抱怨連連，以致忘記如何微笑！

我承認這樣的觀察過於膚淺，這樣的控訴以偏概全，我也知道有許多有心人，正在努力挖掘和創造台北的種種美好。只不過身為一個老台北人，對這個城市有很高的期盼，或許高到不切實際，但還是要說出心中感受，一切只為台北的天空明天會更好！

逃離台北

過去兩個月生活在泰國和南台灣，早已習慣夏日驕陽，沒想到來到台北才知道什麼叫「熱」。不止溫度高，空氣中還充滿冷氣和車輛排放出的廢氣，在大樓林立的市區漂浮迴盪，嗆得人喘不過氣來。這好像就叫「熱島效應」，但有意思的是，「熱」帶的泰國小「島」沒有熱島效應，亞熱帶的台北何時成了島？

一覺醒來去超商買份報紙準備吃早餐，街上早餐店很多，但每一家都有人排隊，從顧客到老闆全是一臉匆忙。點完餐找個空位坐下開始讀報，不一會有人伸手拿我放在桌上的報紙，把它要回來還換來一臉狐疑；過一會另一個又來拿，這次我任他拿走，心想以後要記住：報紙帶到早餐店就不屬於自己，而且這裡也不是悠閒讀報的地方。

吃完剛過八點，街上交通進入高峰，路過捷運站人潮洶湧，我在高雄的住家附近也有捷運站，裡面幾乎隨時可以翻筋斗不用擔心撞到人，而且捷運站四周雖然有不少辦公大樓，但早上八點從窗戶往外看，寬敞的街道經常無車無人，這時我就會故意轉頭問老婆：今天有防空演習嗎？

待在冷氣間是消暑的好方法，台北街頭到處都是有空調的公共場所，帶上筆電和一本書，早早來到 Mr. Brown 連鎖咖啡店，沒搞錯吧？才開門不到半個鐘頭，裡面已經坐滿人。吃東西的、聊天的、上網的、開會的、化妝的、看報的（原來在這裡），看來大夥所見略同，就看誰先下手為強。

離開熱鬧的咖啡廳又碰上交通巔峰，反正不趕時間，心想慢慢走可以看人，結果只差沒被前仆後繼的人潮推擠到車道上，只好加快速度，卻又避免不了偶爾觸碰到其他行人，本想說對不起，發現大夥都習以為常，索性入境隨俗，皺起眉頭繼續左衝右突。

台北果然是首善之區，就業機會、教育資源、藝文活動、醫療服務全都大幅領先台灣其他縣市，令人不住這都不行。要住就得融入，平時工作汲汲營營，週末假期上餐廳、賣場、郊區，依舊熙熙攘攘。

努力打拼向上的年輕人在此人擠人，沒必要湊熱鬧的銀髮族也早已習慣將大把時間花在人群之中，天龍國的子民一旦來到較不喧鬧擁擠的地方，容易產生脫離軌道的不安全感，大夥在人堆裡安身立命，相互模仿攀比，自然形成一種台北專屬的生活方式。

雖然藍天星空少了，午後涼風沒了，活動空間小了，親愛的台北永遠是我的故鄉，每隔一段時間一定會來造訪親友和辦事。但和過去不同的是，我可不打算被這裡同質性奇高的生活形態同化，不斷回歸的同時，也將不斷逃離台北！

PART 2
那些快樂的事

快樂不在外人的眼光中，只在自己的心裡。

如何享受自由時間

不要努力去做一個成功的人，努力去做一個有價值的人。

——阿爾伯特．愛因斯坦，科學家

快樂不是現成的，它來自於行動。

——達賴喇嘛，宗教家

在自己身上找到快樂不容易；在其他地方找到快樂不可能。

——阿格尼絲．瑞普利，散文家

真正的快樂是享受當下，無需焦慮等待未來。

——塞內卡，羅馬哲學家

活得久更要活得好

我在台北出生長大，是個標準城市小孩，大學學的是統計，在石油公司工作；年輕時玩球類運動，討厭跑步和騎車；彈過一陣吉他，畢業就丟了，進入社會和音樂的最親密接觸是唱ＫＴＶ；唸書時作文成績還可以，沒了作文課後就沒寫過一篇完整文章；工作常出差，對到過的地方所知甚少，也沒興趣知道……。

退休十年來，先住北京、後住高雄，經營部落格，寫雜誌專欄，出版六本和統計或石油都無關的書，四處演講；一年花三個多月旅行，足跡涵蓋近五十個國家。中年後開始跑步和騎車，五十一歲騎腳踏車環台，五十四歲跑完全馬；連考三次才考上街頭藝人執照，至今三年，每週在愛河邊自彈自唱……。

我不想說人的潛力無限，因為的確有限，否則我早成大文豪或周杰倫了。重點是，多數人的潛力根本沒有發揮出來，沒發揮是因為不知道自己會做什麼，不知道是因為嘗試不夠，嘗試不夠是因為動力不足。年輕時唸書只為日後找到「好」工作，進入社會汲汲營營，轉眼幾十年，早失去嘗試的熱情和勇氣。

看過電影《刺激1995》嗎？其中有段情節敘述犯人在監獄蹲久了，被環境「體制化」，放出來無法適應外界，於是自殺。一般人在凡事講求功利的社會大染缸浸淫久了，很容易不知不覺間被它「體制化」。

少數人退休後懂得從事有益身心又有助他人的活動，但更多的退休人士生活缺乏學習成長、嘗試新奇，原因正是由於無法從慣性的功利思維中自拔。譬如愛畫畫的人，因為不能開畫展賣畫而不畫；愛玩樂器的人，因為怕玩得不好被笑而不玩；而每當有商家打折促銷時，花時間徹夜排隊搶好康的也是這些人。

這幾年有幾位和我年齡相仿的朋友陸續退休，問他們下一步打算，經濟條件早已超過溫飽線的他們，有人打算換一家公司做類似工作，或做兼職顧問，或繼續幫老東家忙；也有人打算到對岸去炒房地產，或潛心研究股票市場，只有極少數提到想發展自己的興趣嗜好。

不是說做那些不好，馬斯洛需求理論說人活在世界上最終要實現自我，如果從事的職業能完全發揮所長，那麼即使被迫退休也應該用各種方式延續之前的工作。但如果發現自己退休後仍以金錢為考量事物的主要標準，最好再想想。沒人嫌錢太多，但人生都已經走到這個階段，還不努力做自己，要等到何時？

《45歲》中提到快樂有兩種，一種是和感官享受相關的愉快（pleasure），例如吃頓大餐，睡個好覺等。另一種叫喜悅（joy），是當全身心投入某項有學習成長特性的活動時，廢寢忘食的精神狀態。講得白話點，愉快就是小確幸，喜悅就是從事興趣嗜好，人要快樂過活，兩者缺一不可。

在職場打拚的人，能夠偶爾在週末假期享受點小確幸就謝天謝地了，還要在忙碌之餘培養興趣嗜好，從事和職業不相關的「工作」，確實有點強人所難。退休最大優勢，正是提供人們享受「喜悅」的時間和自由，但明明有此優勢而不利用，卻也是台灣退休族常犯的最大毛病，和快樂生活的主要障礙。

或許有人會說，以前的人都是這樣過的啊，有什麼問題？問題在於現在人的平均壽命遠高於過去，以前退休後生命所剩無幾，現在起碼還有幾十年可活，即使從頭開始學習一門技藝都有足夠時間成為專家，可惜的是，社會中見到的多數長者生活仍然缺乏喜悅，既然如此，說難聽點，何必活那麼久？

做人晚輩的也要負部分責任，傳統觀念長壽就是福，對長輩好就是盡量讓長輩不要辛勤勞動、吃好穿好，享受「清福」；社會普遍也將退休人士視為負擔，而不是資源。這點銀髮族必須自立自強，年輕人不懂是因為他們還沒到那個階段，不要因為成全他們的「孝順」，而放棄自己的人生。

人生在世就要追求快樂，快樂不在外人的眼光當中，而在自己的心裡。西諺有句話：「來參加你葬禮的人數，不是取決於你的身分地位，而是葬禮當天的天氣狀況！」找到自己愛做、會做，做了有意義的事，不計回報，不管毀譽，一頭栽進去，才能成就平靜喜樂，無怨無悔的人生！

尋找終身職志

《聯合報》所做的退休大調查中，有一個問題問大家：「退休生活需要具備哪些條件？」回答結果按照重要性排名如下：

1. 健康：八四％
2. 錢：七〇％
3. 家人：五九％
4. 有自己的興趣：二四％
5. 朋友：二一％
6. 社團：一一％
7. 其他：一％

健康和錢排在前兩位，在預期之中。令我驚訝的是，「有自己的興趣」只有不到四分之一（二四％）的人認為重要。

接續上篇所說，人生在世就是要追求快樂，擁有健康和金錢可以確保退休生活不致為病痛或貧困所苦，甚至還可以換得滿足感官的「愉快」，卻無法帶來快樂生活不可或缺的「喜悅」。喜悅只能由從事興趣嗜好中取得，通常人有多種興趣，其中最特出、個人最重視的那項，就是「職志」。

職志符合三個條件：

會做。

喜歡做。

有意義。

每個人都有屬於自己的天生職志，能將職志轉換成職業的人是最幸福的。想想看，每天只要做喜歡做的事就可以領薪水，還有比這更棒的嗎？但有此幸運的人不多，否則就不會有那麼多人成天抱怨工作辛苦了，多數人要認真從事職志還得等退休。

年輕人不從事職志是因為受迫於生活現實，許多退休人士也不從事職志，原因之一是不知道自己的職志為何。這確實是一個難題，我們從小到大很少被鼓勵去嘗試真正認識自己，過去十幾年台灣教育改革的主要方向就在改善這方面的缺失，但起碼到目前為止可說是徹底失敗。

對不知道自己職志的人，我的建議是首先回想曾經經歷過的喜悅狀態，是否還能被複製？其次是看書和旅行，藉由更寬廣的外在世界反映出自己的內心世界。不要把職志想得太遙遠或太狹隘，它就在身邊，種類五花八門，可能是某項藝術或科學，也可能是做木工或修理馬桶，重點是符合那三個條件。

退休人士不從事職志還有另一個原因：因為難以成名賺錢而覺得浪費時間，這是從年輕帶過來的習性，必須克服。常聽人說「做某件事打發時間」，時間如此寶貴怎可打發？也不要「種種花」、「做做志工」，一旦認定為職志，就要認真做，當成（非盈利）事業經營，能獲得的成就經常超出想像。

退休調查還發現台灣人平均退休年齡早、平均壽命長，這代表一般人退休生涯的「量」很充足，卻不保證「質」也很好；這正是為什麼我很驚訝，只有這麼少的人認為興趣重要。這也正是前一篇提到台灣退休族犯的最大毛病，目前社會對此毛病的認知不足，面臨退休的人不可不注意。

日本有個名詞叫「下流老人」，形容年老後生活狀態不佳，一般認為原因是缺錢，其實另一個較被忽視的原因是缺乏職志。退休後如果發現自己在電視機前的時間大幅增加，就代表可能正在往下流的方向前進。站起來，找到自己會做、喜歡做、做了有意義的那件事，頭也不回地做下去吧！

創造和分享

終於要出書了，書名叫《從CEO到樂活家》，老婆取的，出版社也認同。其實我自己並不喜歡這個名字，感覺有點臭屁，用「CEO」當然是為了強調工作上的成就，但老實說，唬人成分更多一點；至於「樂活家」嘛，我倒是比較樂意接受，不就是遊手好閒，沒事找樂子唄！

出版社沒有安排許多推廣活動，人家願意冒風險出書已很令人感激，多花錢打書有點強人所難。他們說的也很直接：你不是名人，要辦簽書，講座等活動，必須自己召集起碼幾十個人捧場，最好還能找幾個名人對談。這可把我難倒了，上哪找人啊？我不願意打擾親友，也不知路人甲是否對我的書有興趣。至於名人，我認識他們，他們不認識我！

出書前不久發生一件社會新聞，一位英文女老師，和另一家補習班的男老師在大街上邊開車邊「喇機」（舌吻），被人拍到後在雜誌上發表。兩位當事人和補習班老闆之間相互指控，連續劇般的劇情把三人知名度炒上天。邊看電視新聞我邊想，如果他們其中任何一位在這時出本書必定大賣，只可惜我空有個舌頭，卻對新書推廣完全使不上力。

收到贈書的親友們有人發文道賀，有人自告奮勇參加新書發表會，有人在臉書發言推薦，其中最令我感動的是我丈母娘，拿到書當天晚上看到半夜三點，第二天接著把整本書看完。她最近剛斥資買了個名牌包，讀了書中一篇名為〈流行性物欲症〉的文章後，馬上告訴我老婆（就是她女兒啦！）她很後悔，要是早看到絕不會買包。

還有一些回饋是我原先沒有預期的。有一位朋友拿到贈書後，還沒看就打電話問我哪裡可以買書，他想買一批送人，順便將書推上暢銷榜。另一位直接問我出書動機：缺錢嗎？打知名度嗎？要選議員嗎？需要幫忙動員造勢嗎？聽了這些我心中充滿感激；但坦白說，卻談不上感動。

為什麼有人願意出錢出力我不感動，丈母娘不買包卻令我銘記在心？大概是因為這正好說明了我出書的真正動機。首先，顯然不是為賺錢，這年頭誰出第一本書能賺錢？其次，一個既沒姿色，又沒背景，連一個名人都不認識的人，想要靠寫書出名，也太笨了點。老同學說成為名作家的同學很虛榮，我同意，但注定要讓他們失望了！

不為錢不為名，那為啥？為我高興！兩年前寫第一篇短文時的喜悅，就像見到尋覓多年的老友，如今寫了近百篇，對寫作的期待與興奮絲毫未減。寫字就是創造，創造的樂趣取之不盡，用之不竭，不需花錢買，花錢也買不到，還需要比這更大的動機嗎？

還真有一個：分享！我的文字代表我的思想，有人願意分享我的思想，並因此受到影響啟發，決定以後不再買名牌包，怎能不令我感動莫名？有此殊榮，哪還需要錢財名聲來推動寫作？

朋友問我會不會出第二本？我說不知道，決定權不在我。我想如果有一天真能成為暢銷大作家，隨之而來的財富名氣我一定欣然接受；但更有可能的結果是，第一本賣不好，就沒有人願意繼續為我出書。但那又怎樣？只要創造和分享的樂趣還在，我就會一直寫下去！

親自動手更有樂趣

藝術是很有意思的東西，除非幹這行，否則很難靠它過日子；但人在溫飽之餘，追求的基本上都跟藝術脫不了關係。有錢人收藏藝術品，不只為附庸風雅，也為了精神的滿足，即使是土豪暴發戶，你可以說他炫富，卻也不得不承認，嚮往豪宅、超跑，甚至小三、二奶，也算得上是另一種對「美」的追求。

藝術的作用正是呈現美，但美不只漂亮，可長可久的美必須含有「真」和「善」的成分。舉個例子，如果買名牌包只為外型，很快會喜新厭舊；但如果深入了解品牌的歷史沿革、設計理念，甚至製作過程等，名牌包所代表的意義就遠超過一個漂亮的物品。

「Appreciation」這個英文字翻成中文，既是「欣賞」，也是「理解」，就是這個道理。當然，如果買名牌包純為攀比炫耀或不被姐妹淘看扁，那就跟藝術完全扯不上邊了。

要理解藝術的「真」跟「善」，最有效的方法是親自動手，哪怕最簡單的嘗試都比純欣賞更能體會藝術之美。原因是一旦從旁觀者轉換成創造者的角度看作品，必定能更清楚了解作者的創作理念，感受創作過程中遇到的困難挑戰，潛移默化間，拉近自己和作者、作品之間的距離。

書上說藝術能調劑生活、降低焦慮，以前我不懂，心想既然作品的品質有高低之分，作者的名氣有大小的差別，應該很容易因為競爭比較產生焦慮。但等到自己開始動手，才理解藝海無涯，比不完，也沒得比。梵谷一輩子沒畫過一幅令自己滿意的畫，我們又憑什麼對任何一個學習

'S HISTORY. TODAY, BRITOMART IS SO MUCH MORE
RK PLAY EAT DRINK SHOP MIX MINGLE CHIT CHAT &ALL THAT
BRIT
O
ART
SPACES TO
LEASE
W.BRITOMART.ORG

進步中的作者或作品嗤之以鼻？

常聽人說自己「沒有藝術細胞」，事實是，喜好藝術是天性，種類五花八門，發揮天賦所長是人活在世上主要的意義和樂趣來源。可惜我們所處社會不重視美學，人們將藝術想得離自己太高太遠，習慣性地把藝術和身分財富掛鉤，又因為主流價值強調競爭攀比、階級排名，大大降低人們動手嘗試的意願。

前陣子三歲半的外甥來家裡，和所有小男孩一樣，他是個過動兒兼破壞狂，可是要讓他安靜下來並不難，只要我開始彈吉他，或老婆拿出畫筆，他立刻變成另一個人，不但會仔細觀察，還會不斷搶著動手。小孩只管喜不喜歡，不會管做得好或不好。反倒是長大之後，會為自己設下各種避免嘗試新奇的障礙和陷阱。

別再說自己沒有藝術細胞，別再算計是否能夠成名賺錢，別再介意別人的三言兩語；仔細聆聽內心呼喚，立刻開始動手嘗試，把昨天的自己當成唯一競爭對手，為最微不足道的成長雀躍歡欣，熱情洋溢的「藝術人生」就此展開！

成名十五分鐘

《45歲退休，你準備好了？》出版不到三個月，再刷四次。出版社告訴我，以一個沒有知名度的作者來說，這是很好的成績。大出版社畢竟資源豐富，加上我這個素人配合度高，三個月內高雄台北來回跑了五、六趟，接受十幾個廣播電台，六、七家財經雜誌，一家時尚雜誌，和兩個電視節目的採訪，兩場演講簽書會，還拍了一隻宣傳短片。

藝術家安迪沃荷說：「每一個人都可以成名十五分鐘。」我覺得這話有兩層含義，一是現今社會媒體爆炸，人要成名比過去容易得多。一個默默無聞的亞洲小子，帶領NBA球隊由黑翻紅固然可以成名，但難度太高；一個小演員喝醉酒把計程車司機毒打一頓，一樣能大大提升知名度。當然啦！沒事寫本標題聳動的書，也是一種不快不慢、不難不易的成名之道。

另一層含義是名氣來得快，去得也快。道理很簡單，資訊太多、人們注意力難以持久，一個衝突事件能造成對立雙方不解決誓不甘休，也能在一段時間後不了了之。寫書的人還在抱怨通告太多時，卻發現媒體已經一哄而散；還在煩惱沒時間回應讀者意見時，卻發現信箱已然恢復以往的空空如也。

人為什麼愛出名？商業利益是顯而易見的原因，名氣能轉換成銷售量、出場費，消費者也樂於為流行話題掏腰包買單。還有呢？被粉絲要求簽名合照令人自我感覺良好，但名氣大到被狗仔跟蹤，也可以令人中指比不完。我老哥說了一句話，相當值得玩味，他說：「老斌，還是別出名比較好，否則有些地方就不方便去了！」

對我來說，這三個月的經歷是一場全新的體驗。還在職場時，曾有幾次因公與媒體接觸，但和成名扯不上邊。退休之後，基本上日子過得像獨行俠，寫書本身很孤獨，出書後受到讀者及媒體的注目，兩者之間反差很大。刺激興奮當然有，虛榮驕傲也不少，當掌聲不再響起，鎂光燈不再閃亮時，竟然還有一絲絲失落感。

我的十五分鐘過去了！短暫失落之後，我發現這一切其實都和寫作的初衷無關。書賣得好固然令人高興，但只要創造和分享的樂趣還在，只要仍然把寫作當成人生職志，那麼，不管寫出來的東西是否受歡迎，不管是否還能出書，我想我都會繼續寫下去！

全球最快樂的國家

在聯合國永續發展組織二〇一五年公佈的「全球最快樂國家」排名中，台灣名列第三十八屬於中等，排名標準包括收入、健康壽命、社會支持度、社會自由度、貪污印象等。

排在台灣之前的國家大致分為兩類。一類是西歐，北美、紐澳等已開發國家，有錢人快樂似乎不足為奇；有趣的是，另一類卻是明顯比我們窮的中南美洲國家，這是怎麼回事？從過去在中南美旅行的觀察中，我對這個結果絲毫不驚訝，我們確實比他們富有，但除了錢，還有兩樣東西也比他們多。

一是階級意識，台灣人愛比，從房子、車子、薪水、職業……到外表、衣飾、學歷、子女……什麼都比，攀比的結果必定是嫉妒、自大和自卑，而這些都是快樂的主要敵人。

另一樣是封閉，中南美位處大陸，國家眾多、關係複雜，近年的發展頗受國際關注，人民自然對外界有一定了解；台灣是海島，經歷過經濟奇蹟，現在凡事只求守成，人民對「非我族類」普遍缺乏興趣。不跟外人打交道是個人自由，但很容易因此搞不清楚自身定位，遇事人云亦云，惶惶不可終日，難以感到快樂。

以上是我個人看法，這份報告的調查單位也提出以下幾項解讀：

1. **影響快樂的最重要因素是收入，但影響程度還不到整體的三分之一。**

2. 社會因素的重要性僅次於收入。

3. 冰島、愛爾蘭等國雖然近年經濟衰退，但由於社會網絡完善，排名依然居於前段。

4. 個人要「自力救濟」，可以從事讓心靈專注的事務，減少生活中功利的比重，以及做公益等。

至於要解決「台灣特色」問題，我認為說難很難，因為傳統價值觀根深蒂固，要等社會風氣改變恐怕得等到天荒地老；但說容易也很容易，只要多閱讀，多旅行，由外向內用心觀察，就可以看出癥結所在。其實快樂遠在天邊，近在眼前，一旦思想改變，行為自動跟上！

過得還不錯的一年

二〇一二年是旅行年，始於（地）球境之南的紐西蘭，三週行程在腦中留下一股濃得化不開的芬芳氣息。三月參加單車環台車隊，註定成就一段終身難忘的經歷，近千公里艱苦路途，再適當不過地說明了有些事現在不做，一輩子都沒機會做的真理。

六月前進普吉島，一整個月在藍天白雲，清風艷陽間放空自己；八月來到金門，認識昔日戰地，和從未謀面的表弟一家溫馨交流。十月赴大陸，和老同事把酒言歡之外，也首度造訪父親的出生地，一圓期待多年的尋根願望；全年旅程結束於十一月心曠神怡的日本關西之旅。

這一年也是出書年，時隔一年半，第二本書《45歲退休，你準備好了？》四月出版，半年重刷六次，廣播、電視、雜誌、報紙報導訪談二十多次，各種演講邀約不斷。如今媒體早已散去，迴響卻仍持續，這本書讓我得以和許多以前不認識的人產生互動，從讀者反饋中得到莫大的鼓舞，從影響他人思想行為中再次確立以寫作為終身職志。

這一年，還是街頭藝人年。五月第二次參加高雄街頭藝人甄試再度鎩羽，一度將吉他冷藏；直到某天頓悟，既然寫作目的不為出書，唱歌也不應為掌聲，活了大半輩子，不該繼續讓外界定義自己的成敗，於是重新抱起吉他，專注音樂樂趣。十一月再度嘗試，輕騎過關。接著年底最後一天完成街頭處女秀，新的一年開始固定在愛河河岸披掛登台。

這一年有兩門功課表現不及格，一是財務：投資績效不佳，加上錢大多花在旅行和植牙，以至於雖然沒有添購奢侈品、也很少上高級餐廳，

甚至連新衣服都沒買幾件，名下資產依然下降不少。二是身體健康：年過半百，老化現象畢竟是無可避免。

即使如此，一整年下來心中無時不刻充滿踏實和富裕感。是的，銀行存款變少了，健康狀況下滑了，但人生經歷大幅增長，透過探索世界和做喜歡的事，不再像以前一樣會後悔曾經做過的選擇，或坐等好運降臨頭上，現在的我只想盡情享受眼前每一時刻。

台灣媒體票選該年的年度代表字是「憂」，一點都不奇怪。政治紛擾、經濟停滯、萬物齊漲、薪資不漲，甚至連勞健保都傳出破產危機，青年人抱怨錢不夠用，中年人痛罵教育亂改，老年人憂慮健康醫療，社會陷入一片憂愁呻吟之中。

我深信每個人各自都有生活中實實在在的痛苦和困難，也都有許多合理的期望得不到滿足，但或許是比其他人更受老天垂顧，也或許是站著說話不嫌腰疼，如果允許我用一句話來總結我的二〇一二年，我會毫不猶豫地說：此生無憾！

出發吧！去旅行

觀光客不記得曾經到過的地方，旅行者不知道將要去哪裡。

——保羅．索魯，旅行作家

如果想要旅行遠方，就必須裝備輕便，從行李中拿掉你的豔羨、嫉妒、小氣、自私，以及恐懼。

——凱撒．帕維斯，詩人

有些人永遠在旅行，尋找不一樣的地方，不一樣的人生，不一樣的心靈。

——安娜 伊斯，作家

旅行是唯一花錢能買到的，令你更富有的東西。

——無名氏

生活就是一場大旅行

許多人以為我在四十五歲退休的關鍵是因為投資理財，其實更重要的因素是透過閱讀和旅行帶來的價值觀改變。

從小生長在城市，不常接近也不愛接近大自然，學校組織郊遊大多不出市內公園、遊樂場，吃完野餐拍拍屁股走人，年紀稍長偶爾參加登山健行活動，大都只當成苦差事，對於花草樹木，鄉村野趣這類的東西，基本一竅不通。

進入社會後，常因工作出差，範圍從台灣各縣市漸漸擴大到亞洲各個國家，偶爾趁機休幾天假，在當地走走看看。後來第一次前往澳洲，也是因為工作外調；緊接著外調北京，前後五年生活在海外，出差和旅遊地點擴大到歐美，甚至非洲。回台三年後，二度外派北京，退休後仍繼續留下來，在中國大陸前後生活將近十年，足跡遍布大江南北。

總結人生上半場到過的地方不可謂不多，卻談不上喜歡旅行，主要是因為心態不對，不僅和工作相關的旅遊難以完全放鬆心情，即使純度假也只是為了下一波工作充電做準備。記得當時每次被人問到：「你剛從×地回來，那裡好不好玩？」我的回答經常是：「我只記得旅館和機場。」換句話說，當時的我只出差，不旅行！

離開職場後，酷愛旅行的老婆拖著我到處跑了好幾趟，有別於過去出差有助理打點，坐商務艙、住星級旅館，這幾趟被我稱為「半背包客」式的旅行，住的是普通民宿，搭的是廉價航空，行程經常視狀況臨時改變。這麼做不止為了省錢，也為了嘗試曾在書中讀到的背包客經歷。

剛開始很不習慣，常為旅程中不順心的事情生氣沮喪，後來漸漸發現旅行其實就像平日的生活，有起有落，有順利有困難，之前那種走馬看花，吃喝玩樂加購物的方式雖然不賴，卻無法體會旅行的全部功效。如今回想，我為從小沒有養成探索的習性感到遺憾，也為步入中年後還有機會重新出發感到慶幸。

自此我樂此不疲，每隔一段時間就想出去走走。足跡所至，從世界著名的風景名勝到自家附近小公園，從發達國家的先進城市到落後地區的貧民窟，從世界遺產的名山大海到鳥不生蛋的鄉下城鎮。我從旅行中體會到「體驗大於物質」的真諦，也理解到旅行遠不止吃喝玩樂，而是生活的一部分；或者，換個角度看，生活本身就是一場大旅行！

許多退休人士常旅行，但也有不少人說自己不愛旅行，那是不了解自己，因為喜歡新鮮事物本是人性的一部分，說不愛是因為沒有找到適合自己的方式。忙碌半輩子，終於有時間的人們，不要只把旅行當「消遣」，而是生活必需，重點不是去哪裡或去多久，而是滿足好奇心和求知欲，帶著它們，生活將充滿樂趣，也讓人生不再留白！

記得小時候看辛巴達冒險小說，總是搞不懂他歷盡千辛萬苦，好不容易回到安全舒適的家，為何總還要一而再、再而三地出去找罪受？現在我知道了，因為「人生最大的風險就是沒有風險！」

身邊的風景也很美

即使不出遠門，我們夫妻倆平均每個月還是會離開台灣一次，目的地是旗津島，需要的時間約為四十五分鐘——三十分鐘腳踏車加十五分鐘渡輪。

幾年前選擇定居高雄的原因之一就是離海近，從我住的地方到鼓山渡輪站基本上是一條直路，馬路寬敞，車不多，騎車很輕鬆。有時比較偷懶就坐四站捷運到西子灣站，在站外租腳踏車後再去搭乘渡輪，時間和自己騎車差不多。

來到旗津，只要不是假日，人通常不多。我們會沿海岸線一直騎到島的南端再回頭，然後老婆就在海岸邊，或山丘上的燈塔，或砲台，選一個角落，開始寫生；我則是繼續騎車閒逛，或在附近看書寫字。直到夕陽西下結束半天行程，有時吃完晚餐才搭渡輪回台灣，到家就可以早點休息。

高雄黃色小鴨的展覽地點在我家到旗津的半路上，我沒去看，不是不喜歡，我覺得小鴨蠻好玩的，如果邊吹著海風邊閒晃，邊欣賞一隻超級大鴨在水中漂浮，應該會有一種突兀的美感，如果可以，我甚至會很樂意跳進水中，感受將海灣當成自家澡盆的新鮮感，之所以沒這麼做，就是因為不喜歡人潮和攤販。

從電視上看到，大多看小鴨的人都聚集在一塊狹窄的空間，從人群夾縫中，做出各種姿勢表情，和只有一種姿勢表情的小鴨合照，我猜想他們拍完照，就會在四周走走逛逛，吃吃喝喝，買幾個和小鴨相關的紀

念品，然後心滿意足地帶著戰利品離開忙碌吵雜的景點，回到忙碌吵雜的日常生活。

我知道多數人不像我這般遊手好閒，可以自由運用時間避開人潮，但我也很懷疑，如果有這樣的自由，人們是否真的會想要避開人潮？還是照常哪裡人多往哪裡去？因為如果不是這樣，就很難解釋隨處可見的一窩蜂現象，而如果是為了小孩才去湊熱鬧，那帶他們去接觸真實的大自然不是更好嗎？

通常我倆從旗津帶回家的，除了畫和文字之外，還有滿身乳酸和維他命D，以及因此形成的身心舒暢和一夜好眠。為了獲得這些，全部的必需花費是一人三十元的船票錢。我不知道看小鴨、吃吃喝喝、買紀念品要花多少錢，但我知道如果帶回家的只是一堆照片和幾個公仔，那不論原來身心有多少創傷，都很難產生傳說中的「療癒」效果。

所謂「體驗經歷勝過物質擁有」，相對於看熱鬧，或享受吃喝和購物帶來的刺激快感，體驗經歷是身歷其境，深入地嘗試探索，需要具有一定的閒情逸致和冒險精神，而這些碰巧是當今社會最欠缺的東西……換個較流行的說法：我們真的是窮得只剩下錢了！

練習出走

前一陣子在泰國海邊待了十幾天，每天只做幾件事：慢跑、泡海水、泡泳池、看書、按摩、看影碟。時間轉眼即逝，回想剛到時卻又好像很久以前，有這種奇妙感受，是因為身心在這一段時間中都發生了明顯變化。

身體上，每天兩堂體育課使人通體舒暢。其實平常在台灣運動也不少，效果卻沒那麼好，差別在大自然：海邊渾然天成的空氣、陽光、海水、花草樹木，不是擁擠的市區空地或不見天日的健身房所能比擬。這段時間吃什麼都好吃，老婆平日偶爾失眠，在這裡天天一覺到天明，連午覺都睡得又香又沉。

更大的變化在心裡，平時不容易專心，看書速度奇慢的我，把帶來的三本小說一字不漏看完，反倒是平時習慣的台灣電視新聞，偶爾上網一看，不到十分鐘就無法忍受它的誇張。思索原因，在潛移默化間環境對人產生影響，形成慣性，久而不聞其香臭，偶爾抽離現場，才有新的體認。

就像溫水煮青蛙，台灣媒體環境近年來發展到令人嘆為觀止的地步。對國際大事不理不睬，名人八卦、消費資訊卻能引發各種口水大戰，這樣的氛圍造成社會越來越封閉內視、理盲濫情；人們越來越尖酸刻薄、悲情自憐。即使有越來越多人選擇不看電視，卻仍無法完全避開生活環境中的耳濡目染。

事實是，台灣既不是天堂也不是地獄，和其他國家相比，生活水準高於平均，快樂指數卻低於平均，要讓水中青蛙知道自己究竟身處何處，最好的方法就是跳出去，親眼見識一下鍋外的世界……這就是為什麼在台灣生活久了，最好出去走走的原因，別的不說，起碼可以清除掉一些平日積累的身心垃圾！

享受逃離

喜歡大海，每年都要去一個海灘待一兩個禮拜，今年四月去了菲律賓長灘島卻失望而回，原因一是包機行程限制停留時間，二是島上過於擁擠吵雜。幸好家裡「體內流著吉普賽人血液」的那位，不知從哪打聽到越南富國島這個名不見經傳的地方，才讓我對陽光海水的渴望得到補償。

富國島不像普吉島或峇里島，海上沒有摩托車或拖曳傘，街上沒有酒吧或紀念品店，在這裡除了泡海水、泳池、曬太陽之外，就是到漁港或鎮上感受當地百姓生活，剛到前幾天有點陌生，漸漸融入，感覺自己更像個本地人。

這段時間最大驚喜是閱讀的量和質，我愛看書，但平時在台灣經常一本書斷斷續續一個月還看不完，這次帶來的兩本書不到一個禮拜全部逐字逐句閱讀完畢，還搶別人的書來看。細想原因，生活在台灣有許多來自外界的干擾，阻止人對事物保持專注，經常日子過得忙忙碌碌，回頭一想，卻發現一事無成。

干擾的源頭之一是媒體新聞和名嘴評論節目，雖然明知報導都是雞毛蒜皮，卻習慣性地接收消化，心情因此高低起伏，難保平靜。有些人早已不看這類節目，或乾脆完全不看電視，即使如此，也很難不受身旁親友們的間接影響，對事情的看法因而變得較狹隘負面，而且多少沾染些愛指責抱怨的習性。

這段時間最大的學習，是發現人的習性是可以改變的，但必須克服惰性。過去十天雖然身處幾近與世隔絕的小島，卻對世界大事比以前有更多了解，因為在這裡，我看得懂的電視台只有鳳凰衛視、CNN和

ＢＢＣ。一開始不習慣，頗思念台灣新聞的花花綠綠，多看幾天卻明顯感受到兩地信息質量的大不相同。

這道理跟平時愛吃雞排，愛喝珍奶差不多，明明知道吃多喝多對身體不好，卻總是經不住誘惑。直到來到一個沒有雞排和珍奶的地方，嘗試多吃蔬果、多喝開水，才發現它們其實滋味不差，而且吃多喝多身體越來越好……台灣並非沒有其他品質較高的媒體，只是雞排和珍奶太過誘人！

人為什麼要經常離開熟悉環境，出去走走，道理就在這裡。不是因為外國月亮比較圓，而是外國月亮長得不一樣！在一地待久了，容易忘記珍惜好東西，抗拒壞影響；或者，明知好壞，卻因為惰性而無法改變自己。這時，跨出舒適區，接受陌生環境洗禮，常有意想不到的功效！

一生一次的冒險

在展開為期一〇五天，搭乘郵輪環繞世界一圈的行程之前，我們夫妻倆就經常旅行，平均一年兩、三個月，大都採用自助背包客的方式，每次從十天到一個月不等。足跡所至，五大洲中除了非洲外，全都去過了，花在旅行上的時間不可謂不長，覆蓋範圍不可謂不廣。

即便如此，我倆心中卻一直有一個念頭，想從事一趟真正的「大」旅行。和一般旅行不同，大旅行的時間必須夠久、去的地方必須夠多、見到的生活方式必須夠怪、自然景象必須夠奇，把這些元素加起來，我期待的是一趟真正能深入觀察和思索外在世界，並以此為鏡，反省和認識自我內心的旅行。

這事說來容易，做起來難。年過半百，要像背包客一樣上山下海，隨遇而安，一、兩個禮拜還能勉強克服，再長就得豎白旗投降。體力不堪負荷之外，腦力也無法負荷規劃各式交通、住宿的繁雜細瑣，更別說還要承擔因各種突發狀況而生的壓力。就這樣，一年拖過一年，年齡越來越大，大旅行離我倆越來越遠。

直到幾年前一個偶然機會，聽人提起郵輪旅行的種種，心中奄奄一息的大旅行夢突然活了過來。想想看，不管去多少地方，多長時間，總是住在同一艘船上，睡在同一張床上，每天飯來張口，茶來伸手。最重要的是，船是不斷移動的，能帶我遊五大洲，七大洋，不用趕飛機，拖行李，而全部只要不到傳統旅行一半的價錢。天啊！夫復何求？

即便如此，我還是猶豫了將近一年才決定「下海」，人很奇怪，沒完成的夢看起來都很美，一旦夢境離自己越來越近，才發現原來也有各種不太美的地方。費用就是其中一項，這種程度的行程，一人近百萬台幣的花費或許相對划算，但為什麼有錢就得花在旅行上？

我在內心和自己鬥爭許久，想過不少替代方案，例如換一部好車，或買張高爾夫球證，或幫老婆買奢侈品，或存起來以備不時之需等。同時我還不斷徵詢「體內流有吉普賽人血液」的老婆的意見。最終卻被她的一句話給說服了，她說：「人生經歷大於物質擁有，去旅行吧！」

這趟在澳洲雪梨上船、雪梨下船的航程，帶我們造訪了三十幾個國家、四十幾個城市，每個地方停留時間雖短，但也因此得以遊歷廣大地理範圍，使得城市與城市、國與國、洲與洲之間，在地理、歷史、文化上的差異，透過短時間內的對照比較，越發清晰易見。

旅程中遇見的「人」五彩繽紛，由於所到之處大都不講英文，我才發覺全世界最有效的溝通工具，其實不過是微笑加上一些比手劃腳而已。不同人們用不同方式過日子，經濟發展雖然造成生活水平差異，但真正影響人們是否快樂幸福的，顯然是價值觀和思維方式。

同船乘客平均年齡將近七十歲，多是夫妻檔，也有不少獨自旅行，但幾乎沒有人與子女同行。我問其中幾位原因，得到的答案很一致，他們都認為關愛家人很重要，但各人有各人生活，他們不想干擾子孫，也不願意受子孫干擾。看著這群精力充沛、熱愛生活的老人，我對未來人生增添了許多信心和期待。

旅行結束，我把整個行程的前因後果，心路歷程，和一路所見所聞寫下來，連同照片和老婆用畫筆留下的記錄集結成書，在二〇一四年年初出版，名為《懶人大旅行》。結尾部分有這樣一段話：「實現夢想的關鍵，不是離目標有多遠，不是途中有多少障礙，而是對達成目標的渴望有多強烈！」

我從這趟旅行中學到有關這個地球的地理、歷史和文化知識，比過去五十幾年總合起來還多。它不但讓我感受到世界真的很大，不可坐井觀天、劃地自限，也理解到世界真的很小，只要願意跨出舒適區，真誠待人，地球不過是個小村落，天涯若比鄰。

回想出發前的猶豫不決，深覺老婆英明，自己好傻。因為就算現在把所有之前考慮過的名車、球證和其他奢侈品全部加起來，拿來交換從這趟旅行中獲得的經歷，我也不願意換。這趟旅行讓我再次確認：人一生一定要來一趟大旅行——而且越多次越好！

經歷大於擁有

在旅途中，尤其在經濟發展較落後國家自助旅行時，經常有人會發出這樣的慨嘆：唉！真是犯賤，日子過得好好的，有吃有喝、有冷氣吹、有電視看，偏要跑到這裡來受罪，天氣熱得半死就算了，趕車趕船趕飛機，睡不飽加吃壞肚子，看古蹟得先騎車吃沙，划獨木舟還掉進海裡，相機莫名其妙罷工，手機乾脆泡水報銷……。

但每當旅行結束，回到舒適家中，另一個聲音就會從心中不請自來：啊！旅行實在太美妙了！平時生活一成不變，忙忙碌碌，卻越過越乏味，旅途中見到陌生景物，思古之幽情油然而生，接觸陌生人事，眼界自然得以開展，好奇心自然得到滿足，即使當下感受困頓、焦慮、生氣、危險、無聊，當一切成為回憶，剩下的全是美好！

有句話說「經歷大於擁有」，旅行迷人之處，說穿了就在於擴展經歷。過去幾年，自從擁有支配時間的自由之後，我漸漸搞通一個道理，那就是旅行之於生活，不止是消遣調劑，而是不可或缺的一部分，少了旅行的人生就像少了水分的植物，必然逐漸凋零枯萎；不旅行的後果就像不讀書，必定使人言語乏味，面目可憎。

旅行確實很累人，而且如果不旅行，可以省下錢買許多好看好玩的東西，省下時間做許多輕鬆有趣的事。可是為什麼我才剛結束一趟旅行，回家幾天，就已經開始懷念起旅途種種，盤算起下一趟旅程了呢？道理就在這裡。

勇氣會傳染，人生不留遺憾

《懶人大旅行》出版後，我在全台從南到北參加了多場新書座談，和許多愛旅行的同好相見歡。尤其見到多位去年一路追隨粉絲頁，一起神遊地球一圈的網友，雖是初次見面，卻絲毫沒有陌生感，反倒像是和有許多共同經歷的老友重逢。

每次講演結束總會留一些時間請大家問問題，這是我最喜歡的環節，因為演講是單向的，提問時間的雙向溝通能讓我知道別人的想法。大多數的問題都很棒，包括一些我從未考慮過的新鮮角度，和從不知道的文化觀察。還有部分技術性問題，譬如辦簽證、查資料等，可以讓活

SEA PRINCESS
Dubai
Singapore
Sydney
Auckland
K.L.
Brisbane

動現場有興趣的朋友都學習到有用知識。

有時也會有我不能完全同意的看法，譬如有人想嘗試長途遊輪，卻擔心暈船，或找不到合適同伴，或語言障礙等；我個人認為只要有意願，這些都是可以被克服的困難。但每個人想法不同，我不能老拿自己的價值觀評斷事物，雖然感到惋惜，也只能希望他們盡快找到解決之道。

還有些問題令我有點錯愕，譬如遊輪安全被多次提起，我不是專家，但從常理推斷，遊輪應不會比其他旅行方式危險，人們的擔憂大概和電影《鐵達尼號》太紅有關。還有一位大姐一口咬定被人推下海必定死無對證，查不到兇手。我安慰她說：「如果真的掉落船邊，百分之九十九只會掉到下層船板，不會掉進海裡。」不知這樣有沒有讓她比較心安一點？

有些朋友告訴我，他們從我的書中獲得跨出熟悉，擁抱陌生的勇氣，而且不止在旅行，也在生活其他層面。勇氣的確會傳染，因為聽完他們說的話，我也會跟著熱血沸騰。另外有一些反饋，則令我時時提醒自己不要自我設限，寧願精彩無悔地走一遭人生，也不要凡事但求安穩，卻註定懷抱遺憾離開這個世界！

爽快做自己

永遠做自己、表達自己、信任自己，不要刻意複製自己成為某位成功人士。

——李小龍，演員

身在一個總希望你成為別人的社會，做自己，是一項傲人的成就。

——愛默生，哲學家

要幫助自己就要做自己；從錯誤中學習，指正自己，然後繼續前行。

——大衛·佩澤爾，作家

雪鵝不需要泡水才能顯示它的白淨；你也不需要刻意做什麼才能做自己。

——老子，教育家

中年有夢正當時

在書中或網路上常看到有些二、三十歲的年輕人，不分男女，為了實現旅行夢想而暫時離開職場，放下社會束縛，背起背包毅然踏上旅途，探索世界、開拓視野。他們的經歷大都既有趣又勵志，往往成為同輩羨慕效法的對象。

看多了這類故事令人產生一個疑惑：為什麼總是年輕人？難道中年人不愛旅行，對認識世界沒有興趣？還是早已清楚人生道路，埋頭苦幹就好，無需探索？還是年紀大了，有心無力？還是中年人根本沒有做夢的資格，不該有夢？

說中年人完全沒夢也不對，只是大叔大嬸們的夢，和年輕人五花八門的夢想大不相同，通常不是升職加薪、買車買房，就是小孩考試得第一，同質性奇高。照說人越年長，見識越廣，經驗越多，應該越有機會自我實現，但現實似乎與此背道而馳。

事實是，隨著年歲增長，人們受功利社會的制約就越強烈，因為害怕失敗，逐漸減少對新鮮未知的嘗試；因為在乎外界眼光，面對選擇，總是迴避不合社會主流價值的行為。說穿了，人們不做夢的原因都一樣：害怕！中年人比年輕人少做夢正是因為——越老越怕！

相較於年輕，步入中年後家庭和社會責任較重，體力開始走下坡，這些都是做夢的阻力。但同時，這個階段已有一定的事業基礎，子女已經或接近成年，對自身了解較多，健康也不差，正是實現夢想的黃金時機，如果非要等到「一切都準備好」才來圓夢，根本是自欺欺人。

記得以前看過一篇報導說環遊世界是多數人的共同夢想，能夠實現的比例卻連百分之一都不到。想起搭長程郵輪時在船上遇見的乘客，他們的共同特點絕不是有錢有閒，而是熱愛旅行。許多令其他人猶豫裹足的因素，譬如財務、時間、健康、家庭等，對他們來說，只是圓夢過程中需要處理的事物。

另一個例子是我當街頭藝人，大學同學組團來捧場。聽到一半，其中一位對其他人說：先別管老黑唱得好不好或打賞有多少，你們誰有勇氣站在路邊唱歌給別人聽？事後我想了很多，其實我不認為那是勇敢，剛開始的確有點尷尬，但不過是為了做想做的事，克服一些障礙，做出一些妥協，如此而已。

過去幾年，有越來越多中年人跟我說：受你影響，我決定退休、轉行、旅行、搬家、運動，我打自內心為這些大叔大嬸們高興，雖然不確定他們是否終能完成心願，但就像我的夢想是得諾貝爾文學獎和在巨蛋開演唱會，結果卻成了一個部落客和街頭藝人，重點不是「成功」，而是從嘗試中獲得快樂和意義的雙重回報。

誰說中年不能有夢？年輕人如果錯過，以後還有機會；中年不做夢，要等到什麼時候？別害怕失敗，從整體人生來看，嘗試不能保證成功，但能保證獲得比成敗更重要的經歷。也別顧慮他人的眼光，人只能活一次，與其安安穩穩過，到頭來抱怨遺憾，何不趁風華正盛，爽爽快快做一回自己！

大叔與吉他

剛退休時我心中有一個願望，希望能重拾學校畢業後就不曾摸過的吉他，老婆知道我的想法，買了把新吉他送我當退休禮物。是把塗著藍漆的漂亮傢伙，接下來一段時間我試著把以前曾經熟悉的音符彈出來，無奈相隔太久，手指痛得半死還是不得要領。

下定決心去找老師，那時住在北京，住家附近找到的家教老師很年輕，他看到我似乎有點驚訝，當時沒在意，結果上了兩次課就不去了，原因是老師講話吞吞吐吐說不清楚。後來和當地朋友聊天，他們告訴我學樂器的全是小孩，教樂器的全是兼差的音樂系學生，一定是見到我這個模樣兇惡的大叔嚇得說不出話來。

這個漂亮的藍傢伙從此被晾在一旁，久久撥弄兩下，但我沒有就此打退堂鼓，平時不管聽何種型態的音樂，只要有錚錚琮琮的吉他聲出現，總能特別吸引我的注意。偶爾逛書店也會刻意找些樂譜來看，甚至買回家，雖然大部分內容對我來說太艱深，但總想先放著，說不定哪天一覺醒來可以大徹大悟。

去年搬到高雄，附近有好幾家吉他音樂教室，有鑑於上回的經驗，特別跑了一圈「面試」老師，結果這次上課維持了一個月，終究還是投降了。台灣的狀況其實和北京差不多，學音樂就是音樂系畢業的年輕人哄哄小孩（其實是哄哄家長）而已，除非很有天分，否則刻板教學很難令平庸如我者產生足夠興趣持之以恆。

嘗試了教學網站，付了不少學費仍沒有突破，就在準備接受自己不是那塊料的時候，偶然逛到一個外國網站，原以為和之前接觸的本地網站沒什麼不同，仔細一看，不得了！十多位學有專精的老師，由淺入深提供各種程度的課程。趕緊註冊繳費成為會員，幾個月來，一頭栽進六弦世界，有時還必須強迫自己休息，才不致花太多時間練琴。

這整個過程讓我產生一些想法……首先，開發志趣一定要堅持自我，通常打自內心喜愛的事物，和天賦才能息息相關，若因為外在因素而輕易放棄，就像硬生生地葬送自己的一部分，損了自己也不利任何人。

其次，英文真的很好用，以前只當是工作的工具，這回讓我體會英文能帶領我們進入一個遼闊的文化知識海洋，不只吉他，相信所有藝術或科學領域都是如此。國外的教學態度也讓我感觸很深，網站老師有老有小，共同特點是教學完全從學生的角度出發，活學活用，雖然是看電腦螢幕，依然有如沐春風的感受。

從在海峽兩岸上課的經驗中，我感覺華人世界對成人教育的重視程度遠遠不足，似乎「學習」這事只專屬於孩童和青少年。有時在公園見到小孩學滑輪、游泳，或各種不同才藝，家長大都在一旁指指點點，或無所事事，我就想，人都來了，為什麼不一起學，一起玩？

成人世界消費主義盛行，許多人明知簡樸生活有許多好處，在面對鋪天蓋地的廣告，或親朋好友的攀比時，還是忍不住又買了另一個奢侈品。克服物慾症（或無聊症）單靠自我節制沒有用，最有效的方法，是用從學習和創造中帶來的充實感，取代從擁有物質中獲得的短暫興奮感。

學吉他要做什麼？我打算報名參加高雄市街頭藝人甄選考試，如果順利過關拿到證照，就可以在街頭和別人分享音樂的樂趣或結識同好，到時你如果有機會到愛河邊散步，就可能會遇到一個模樣兇惡的怪叔叔自彈自唱。

如果沒通過考試也沒關係，我很清楚憑我的音樂天賦，再怎麼努力也當不了下一個周杰倫。但重點是，學習帶給我的喜悅，不管花多少錢都買不到，不管多少外界眼光都改變不了，我和我那漂亮的藍色好友，必將長相左右！

自己喜歡最重要

我從小喜歡聽西洋音樂，那時接觸最多的是美軍電台的廣播節目，尤其每週末必聽告示牌（Billboard）排行金曲。高中開始彈吉他，沒有正式學過，自己看樂譜，亂撥亂弄，倒也樂在其中，大學時代正逢民歌當道，少不了閒來沒事抱把吉他，哼哼唱唱，對把馬子有不少助益。

進入職場，歌照唱，舞照跳，只是口味從「學院派」逐漸轉向較適合卡拉OK的「社會派」。廣播節目不聽了，告示牌不跟了，吉他也早成了儲藏室深處的釘子戶，搬了幾次家後不翼而飛。幾年前退休，老婆大概聽多了我的「當年勇」，送我一把新吉他當作退休禮物，從此開啟吉他第二春。

搬回台灣後住在高雄文化中心附近，我常去那裡運動，有一回整個中心四周被各種表演音樂、舞蹈、魔術、雜技的人群佔滿，各式演出令人眼花繚亂，一打聽之下才知道是市政府定期舉辦的街頭藝人甄試。我一向喜歡看街頭表演，但這還是第一次聽說當街頭藝人需要執照，同樣也是第一次，心中湧現「有為者亦若是」的想法。

有了這個目標之後，再加上平時就有蒐集樂譜的習慣，於是開始認真製作起適合在戶外表演的歌本，又到樂器行買了包括譜架、麥克風、音箱，和一把能插電的新吉他在內的相關設備，然後按照市政府公告早早為下次甄試報名。

日期一到，興沖沖來到現場，剛就定位就發覺情況不對，原因是參加者陸續抵達後，音響一開，我那個入門級的小音箱，任憑開到破音程度，完全被埋沒在一片高分貝音海之中。聽不到吉他配樂，就抓不准演唱的音調高低，百般無奈中，連評審都試著幫我調整音箱，徒勞無功後撂下一句「很可惜」走人，隔週放榜，沒有意外，名落孫山。

半年後第二次嘗試，由於甄試辦法中註明現場不提供電源，我跑去買了一個能用電池發電音箱，而且是其中較大的一個，卻沒想到恰好碰上縣市合併，換了個更大場地，參加人數加倍，許多人自備發電裝置，現場各式大小音箱像軍備展示一樣，這回我的新音箱被操到乾脆停機罷工，評審來時只見我汗流浹背和機器鬥爭的狼狽模樣，搖頭走人，結局如何，不言可諭。

經過這兩次考試，我頗為心灰意冷，投入更大成本買裝備和初衷不符，但又有點不甘心，隨著日期逐漸接近，某天經過一家新開的樂器行，向裡面張望時突然閃過一個念頭：何不用租的？反正大音箱只有甄試時需要，用租的不但省錢，連甄試的準備都變得簡單許多。果不其然，時間一到，背把吉他到現場，彈彈唱唱，評審來時微笑點頭，隔週公佈結果，輕騎過關。

不經一事，不長一智，我的音樂夢算是跨出了一大步，但真正考驗還在後面。我的老丈人聽說我拿到執照後第一反應是：「你真的要去唱嗎，碰見熟人怎麼辦？」其實，不管碰見生人還是熟人，我都不知道該怎麼辦，也不知道將要面對的是掌聲還是噓聲，對所有可能發生的情況，我既不知該做何期待，卻也充滿期待，這不正是最有趣的地方嗎？

有夢最美，逐夢過程中可能經歷困難、挫折、調整、轉變，卻不會失敗，只有不嘗試才會失敗。我的音樂路受天賦限制不可能走得很遠，那為什麼還要走？我想起剛開始寫作時在書中讀到的一段文字，作者說：「從事創作最重要的是自己喜歡，完成之後，作品只要有一個人欣賞，一切努力就全都值得了！」

不知道我的那位知音在哪裡，或是否存在，要知道答案只有一個方法——各位，我來了，咱們街頭見！

拜託別點鐵達尼號

一轉眼，在高雄愛河當街頭藝人已近三年，每週一次，除了旅行或天候不佳，幾乎從未缺席。眼看附近區域內的同行們來來去去，我已從一個初到貴寶地的菜鳥，逐漸變成愛河邊的地標，也從一開始緊張到胃痛，到現在張口就能唱，即使唱錯都可以臉不紅、氣不喘地圓回來。

離開職場後就沒有名片，不是不想印，是不知該印什麼，考上街頭藝人終於有了一個「正常」身分，立馬跑去印兩盒。雖然後來覺得沒什麼意思就不發了，但這件事讓我感嘆，為什麼只有職業能代表一個人？一旦少了工作頭銜的光環，人就像不存在一樣，難怪社會上人際關係越來越膚淺功利。

當藝人雖然不是為打賞，但打賞金額可以反應表演受歡迎的程度。開始表演後我很快發覺一個現象，許多人不打賞的原因是不知道或害羞，只要有人先開始，其他人就會跟著做，於是有一次我要老婆混在聽眾裡帶頭打賞，果然陸續有人跟進，後來這方法我用過好幾次，屢試不爽。

說到打賞金額，其他街頭藝人怎樣我不知道，我過去三年平均一晚（兩個多鐘頭）約一千元，最高紀錄兩千五百元，最少一次只有四十塊。通常紙鈔和銅板各半，累積一段時間後，家裡銅板多到老婆上市場買菜只用它們，不止一次有菜販問她是不是殺小豬（撲滿）了？

我唱的大都是七八十年代的英文老歌，一來是因為有許多成長時期的美好回憶，二來是我真心認為那是西洋流行音樂的巔峰時期，首首經典。表演時我偶爾也會講講話，某次有對夫妻帶著小女兒路過，駐足聽了一會，當一曲結束，我正在介紹下首歌時，只聽那女孩對大人說：「那個老外的國語說得好好喲！」

表演時我會鼓勵聽眾點歌，雖然不見得會唱，但可以藉此知道聽眾喜好，次數多了我就會把這些歌學起來。記憶中點過次數最多的有：「老鷹之歌」、「第六感生死戀」等，都已成了現在經常唱的歌。但也有一些我「死不從」的，最具代表性的是《鐵達尼號》主題曲，美聲女高音也太為難大叔我了吧！

雖然明顯不是主流音樂，一段時間下來也累積了一些粉絲，有一位老先生說他年輕時常在台北亞都飯店聽菲律賓樂團唱歌，還說我一點不輸他們，聽得我好想打賞給他。也有些熟面孔，經常默默來，默默走，我不認識他們，但真心感謝他們的支持，令一個一心努力做自己的人得到莫大鼓舞。

有些看過我的書的人會特意前來捧場，其中幾位曾問我一個問題：「你以前是外商公司總經理，現在在街頭唱歌，如何調整心態？」我回答他們：「以前為生計扮演那個角色，現在為樂趣扮演這個角色，兩個都是我自己，沒有調適的問題。」需要調適的反而是其他人，如何摘下帶有世俗階級意識的眼鏡，看待擁有兩個不同身分的人。

三年了，新鮮感早過，我問自己，還要繼續唱嗎？冥冥中有一個聲音反問我，還愛唱嗎？有享受到學習的樂趣嗎？有享受到分享的樂趣嗎？如果答案全都是肯定，為什麼不繼續？

朋友們，如果你哪天路過愛河，碰巧見到一個自彈自唱、自得其樂的大叔，記得打聲招呼，或坐下聽一會，或喝杯飲料，或點首歌，或打個賞，不管你做什麼都好，拜託不要點「鐵達尼號」就好！

唱自己的歌

天氣好時在愛河邊聽歌、點歌的人不少。我喜歡有人點歌，可以增加和聽眾的互動，點的歌如果不會唱，還可以回去學。

有次唱到一半，來了六七個人，聽口音像是觀光客，我正唱得投入沒注意，突然其中一位婦人趁段落空檔，插進來劈頭對我說：「你可以為我的客人唱『Take Me Home Country Road』嗎？」（我猜她應該是位台灣導遊。）

我嚇一跳，回過神來說：「我還沒唱完呢！」

她說：「哦，我以為唱完了。」

我當時有點不高興，但心想她沒有惡意，就說：「可以，但要等我唱完這首歌。」她說：「好」，然後很刻意地放了一張鈔票在我的打賞帽裡，轉頭大聲對她的團員說：「現在不行，他堅持要唱完他自己的歌。」

當下我就決定不唱了，這是我當街頭藝人兩年多來第一次拒絕觀眾點歌！

從當街頭藝人以來，我接觸過的大多數聽眾都很可愛，一句「好聽」、「勾起美好回憶」、「聽完很好睡」之類的話語，總能讓我高興好幾天。但偶爾也會碰上把藝人當空氣，站在攤子前方大聲講話的人；或用怪聲怪調對我說「hello」的人。還有一次一個婦人指著我，對旁邊的小孩說：「不好好唸書，以後就會變成這樣！」

想起旅行時，經常在不同國家看見街頭藝人和觀眾自然聊天的輕鬆景象，看來台灣離公民社會的特徵之一——職業無貴賤，還有段路要走。但這些都只是插曲，不會影響我做想做的事，只會在過程中獲得經驗和趣味！

去做就對了！

親友們知道我出書，除了普遍表示驚訝外，另一個出現好幾次的反應是「咦，那我是不是也可以寫點什麼感想啊，遊記之類的，然後也來出本書玩玩」。我不確定這話背後含義是不是「連你都能出書啊！」但我當時心裡想的是：「哪那麼簡單，你說出書就出書啊，那靠寫作吃飯的作家不早喝西北風去了！」

最近在寫文章的時候，一個想法突然蹦了出來：「對，其實就是那麼簡單！」別說出書，即使治國平天下這種大事，不也是從一個小小念頭開始的嗎？我離開學校後就沒寫過文章，兩年前開始寫是因為心中有把火，不寫不快，出書不是目的，但看到帶著紙香的書本出現在眼前時，卻有過去職場上從未感受過的成就感。這樣的過程，其實一點都不難。

從小我們被教育要努力念書、進好學校、找好工作，只有不怕辛苦，克服重重難關，最終才可能功成名就，出人頭地。大夥於是奮力打拼，期望在人生各階段的競爭場合過關斬將。我們如此被教育，也如此教育我們的下一代，世世代代的生活就這麼過著，似乎也沒出什麼大問題。

但有個小問題……上帝造人每個都有不同形體心性，那為什麼所有人的人生目標都該一致？達成目標的過程又都該如此狹窄？人生短短數十寒暑，為什麼都該吃苦耐勞，不能享受樂趣？況且，大夥一致追求的目標是相對的，既然叫「出人頭地」，就代表只有少數人可以成功，多數人只能在焦躁期待中做各種無用的功。

何不試著把社會期望和人生目標先放在一邊，挑個夜深人靜之時，仔細聽聽內心深處的聲音：「我想做什麼？喜歡做什麼？做這件事有何意義？目標是什麼？是有一天出人頭地，成為他人艷羨的對象？還是能讓我更接近自己，成為真正的我，老天塑造的我！」

是的，出書不難，只要心中有火，天下本來就沒有難事，所有的努力都是樂趣。但是如果一開始就把「出人頭地」當成目標，以此來驅動自己，天下事都可以變得很難，所有的努力都是苦難。

光是心中有火還不夠，還需要把火點燃的勇氣，人生過程中，我們可以在別人設定的競爭場地，和千千萬萬人拼個你死我活，最終多數人以失敗收場；也可以千萬人我獨往矣，挑選自己真正在乎的戰場，把昨天的我當成今天的唯一對手。這條道路或許孤獨，但只有一種原因才會失敗，就是不去嘗試！

比起堅持走自己的路，走眾人的路必定較輕鬆寫意，因為即使失敗也有許多人相伴，不會感覺孤獨寂寞，但需要付出的代價就是離內心平靜喜樂越來越遠。活了半輩子，我們用各種理由阻止自己追求自我，有些理由確是生活現實，也有些不過是對社會主流價值的依賴，和對自己不負責任的藉口。

想畫畫嗎？想運動嗎？想幫助別人嗎？想認識不同文化嗎？想拯救世界嗎？只要心中有火，別再猶豫，去做就對了！

做自己才快樂

最近和朋友有過這樣一段對話。

他說：「真羨慕你，年紀輕輕就自由自在過想過的生活。」

我說：「謝謝！」

他說：「希望有一天也能像你一樣。」

我說：「如果過和我一樣的生活你一定不快樂，每個人都有適合自己的生活方式。」

他想了一下，又說：「應該說佩服你有勇氣，放得下！」

我說：「我做的全是自己喜歡的事，哪需要勇氣，只要你願意，你也可以。」

他說：「我不像你，會寫文章，會彈吉他，就算我真能放下眼前事物，也不知道該如何走出另一條路。」

我說：「不試誰知道？你或許不會寫作不會彈吉他，但你有你會做的事，我們從小到老都跟著別人做、做別人，放下就是為做自己，何必還要看別人？」

退休以來，我深深體會到，決定一個人是否快樂的關鍵，不是財富或地位，甚至不是家庭或健康，而是「做自己」，也就是認識、學習、發展自己的天賦特點。懂得做自己的人不用退休也可以快樂過活；反之，不做自己，即使天天睡到自然醒，數錢數到手抽筋，也只能過百般寂寥的日子！

PART 3
健健康康好日子

從過去十年生活體驗中，我敢掛一句擔保，吃喝玩樂比努力工作更辛苦。
沒有足夠體力，是絕對無法享受生活的。

如何維持身體機能

保持自己的身體健康是一種責任，否則我們就不能保持心靈的強壯和清明。

——佛陀

我認為年齡的重要性完全比不上健康，一個人可以在四十多歲因為不健康而悲慘過活，也可以在八十多歲健康地享受生命。

——巴克，電視節目主持人

人類需要困難挑戰，它們是健康的基石。

——榮格，哲學家

照顧好你的身體，那是你唯一必須長期居住的地方。

——吉姆．羅恩，演說家

健康，才能享受生活

健康的重要性不用我多說，年輕為事業打拼要健康，退休後吃喝玩樂，雲遊四海也要健康，事實是，從過去十年生活體驗中，我敢掛一句擔保，吃喝玩樂比努力工作更「辛苦」，沒有足夠體力是絕對無法享受生活的。有些人打的算盤是——上半輩子用身體賺錢，下半輩子用錢買身體。買得到還好，問題是極可能買不到。

而且健康和財富不一樣，窮人還有可能因為中樂透而一夜致富，健康只能靠平時累積。遺憾的是，觀察生活周遭的準退休族，平時保有健康習慣的人並不多，大家似乎總認為自己還年輕，眼前的重點是趕緊累積財富，照顧身體是以後有錢有閒才要去做的事，結果退休後不但健康每況愈下，還經常把之前賺來的錢也賠進去。

有不少平時工作辛勞的人，乍看身體還算正常，退休了反而生大病，甚至早夭。我過去服務的外商公司曾做過調查，發現屆齡退休的員工退休後平均壽命短得驚人，原因在於壓力是把雙刃劍，太大會逼出毛病，太小則會降低免疫力，退休後如果沒有找到新的成長挑戰，過於鬆懈的結果，健康很容易亮紅燈。

以上兩種情況正是之前我說退休三大支柱：金錢、快樂、健康，好就一起好，差就一起差的原因。三者互為因果，不可以忽視任何一項。

專家說影響人們健康的不出以下四個元素：基因、飲食、運動、心理。遺傳這部分，了解一下就好，能做的事情不多；飲食（包含菸酒）和運動是形成所謂「生活習慣」的主體。心理健康範圍較廣，包含壓力管理、人際關係、正向思考、適應環境等。

飲食方面，關鍵是習慣，台灣社會流行小確幸，人們尋求快樂時，通常第一個想到的就是大吃一頓。享受美食不是問題，但暴飲暴食影響健康，太頻繁更會降低快樂的邊際效應，這些就是問題了。尤其退休之後，有充足時間去做令自己快樂的事，當然也包括相對容易取得的美食，務必要注意質跟量。

退休族的飲食習慣或許因人而異，除非太極端，否則對健康影響有限。最近有個對台灣超過三千位人瑞所做的調查，發現其中有人飲食清淡，也有人無肉不歡，但就是沒有一位是不愛「動」的，說明運動對健康的影響至關重大。

台灣的整體運動風氣不佳，學校教育不重視體育，小孩很少被鼓勵「玩」運動，進入社會，保有一週運動三次以上習慣的青壯年比例低於國際水平。公園、運動場上見到的以年長者為主，有些自動自發，但相信更多是因為健康已經出狀況，在醫生叮嚀下才被動開始運動。

活動活動，活著就要動，許多人不動是因為感覺運動很難，其實不然，重點是養成能站就不坐，能走就不搭車，能爬樓梯就不坐電梯，這類好動愛動的日常生活習慣。來到運動場，如果跑不動就快走，走不快就慢走，體力自然累積成長；反之，越不動就越不愛動，一過中年體力就會迅速流失。

至於心理健康，台灣社會更不重視，主要原因是主流價值觀過於強調階級攀比，造成一般人心理的不安。

心理不健康必定反應在身體，有一位家醫科醫師朋友告訴我，上醫院求診的銀髮族中，一半以上心理疾病比生理疾病嚴重。雖然近年抗憂鬱藥物很流行，但要根本解決心理問題，顯然不能光靠打針吃藥，而是要透過重新檢視自身的價值體系，加強自信自尊。

醫藥科學進步，現代人平均壽命大幅增加，但活得久和活得好是兩回事。退休後有些人活蹦亂跳，有些人奄奄一息，這兩種人即使活得一樣久，生活品質可是天差地別。關於健康，壞消息是沒有撇步，好消息是努力永遠不嫌晚，對退休生活有憧憬的朋友，就從今天開始吧！

美食有這麼了不起嗎？

上台北辦事，心血來潮去爬陽明山，順道前往號稱「全國最高學府」的文化大學逛了一圈。我是搭公車去的，下車後道路兩旁餐廳、超商林立，這還不令人驚訝，畢竟有許多師生在此居住，但越往裡走越不對，錯綜複雜的巷弄中，幾乎全是各式各樣小吃店，其中單是賣炸雞排的，隨便估算，起碼就有六家。

時值中午，學校附近熱鬧程度和夜市差不多，原本期望來到大學殿堂能見識一些有書卷氣的場所，結果除了校門口一家乏人問津的書店外，其它什麼也沒有。行走其間，心靈沒沾上學術味，衣服倒是染上不少炸雞味。事後回想，這應該不是文化大學的獨特風貌，而是當今台灣所有大學城的共同景象。

曾幾何時，我們的生活被「吃」這件事給塞滿了！平時忙於學業事業，終於捱到休閒，第一個想到的通常就是吃大餐，逢年過節親友相聚當然要吃大餐；犒賞自己、關愛家人、招待客人、喜慶宴會，甚至只是嘴饞，都要吃大餐。而且吃大餐時經常談論的，還是哪裡的大餐比較好吃！

打開電視，美食節目以前教人烹飪，現在都在介紹各地名菜；旅遊節目大篇幅描述食物特色，主持人動不動做出一副不可置信的美味表情；連新聞節目都要藉各種名義播放美食畫面。旅遊書籍談論歷史文化乏人問津，講吃喝玩樂大受歡迎。吃到飽餐廳裡的景象（超重者）越來越觸目驚心，生意卻越來越好，越開越多。

誰不愛吃？我自己就是個愛吃愛喝、食量奇大的老饕，但科學家說，快樂有兩種，一種叫愉快，譬如吃頓美食、聽首好歌。另一種叫喜悅，和學習成長、克服挑戰有關，專家用「心流」來形容這種「忘記時間存在」的心理狀態，要達成這種狀態，快樂生活、愉快和喜悅缺一不可。

愉快貴在適量，生活少了愉快枯燥乏味，但太多也不行，想像一下連吃十頓大餐，或連聽三天音樂，就知道為何不行。喜悅多多益善，因為它不是立即的感官滿足，而是持續的精神舒爽。想像一下經由不斷努力終於見到園藝開花結果，或網球技術更上層樓，或完整彈奏一首樂曲的成就感，你會嫌多嗎？

現代人生活品質不佳，問題通常不在愉快太少，而是喜悅不足。為何不足？因為佔據最多時間的工作經常無法帶來喜悅，休閒時光又花在只能產生愉快的「吃」這檔事。我常在講座場合問大家多久未曾感受心流，許多人回答工作太累，假期只想看電視吃東西，以前曾有過的心流經驗，現在大都只留在記憶中。

也有少數例外，一位年輕人說他每天下班都花時間練習最鍾愛的毛筆字，每天都能感受心流。這位年輕人是否愛吃我不知道，但我確定，因為有更有趣的事等著去做，他絕不會花許多時間等餐廳空位，或排隊買某種熱門食物。快樂對許多人來說，遠在天邊，對某些人來說，卻近在眼前，兩者之間的區別經常只在一念之間！

台灣人愛吃，以美食王國自居，但請問，哪國人不愛吃？哪國人不說自家食物好吃？我們自豪於創新研究，提昇吃的藝術，但台灣飲食文化從未受到國際重視，原因在於雖然我們花許多功夫達到更高等級的色香味，更頻繁地滿足口腹之欲，卻沒有反應出更良好的整體生活品質。

蘇格拉底說：「有意義的人生吃喝為了活著，無意義的人生活為了吃喝。」吃是民生大事，烹飪是門藝術，偶爾吃頓美食令人身心暢快，但將吃當成乏味生活的唯一解藥註定徒勞。與其將有限生命花在談論、等待、拍照、分享一切和食物有關的事物，不如吃飽肚子趕緊去做喜歡做，有意義，又能讓自己忘記時間存在的事情！

一切從雙腿開始

專家說人的體力在二十多歲時達到巔峰，三十五歲開始老化，白頭髮、掉頭髮、皺紋等現象陸續出現，四十多歲視力開始下降，看書報要戴老花眼鏡。但這些都還好，過程相對溫和緩慢，真正快速的老化是從雙腿開始。

隨年齡增長，人的肌肉逐漸流失，骨骼逐漸疏鬆，雙腿行動能力下降，原來輕鬆的走路變得較為吃力，許多人因此減少走路，結果肌肉和骨質流失更快，走路反而更加吃力，越吃力就越少走，形成惡性循環，使得老化過程來得又急又快。

走路是人一天中最基本，也是最主要的活動。少走路少消耗熱量，少消耗熱量人自然變胖，體內五臟六腑的負荷加大、血壓增高。這幾年掀起一陣為健康一天走一萬步風潮，坊間計步器熱銷，原因在這裡。

多走路可以「固本」，要更進一步減緩，甚至逆轉老化，需要做有氧運動，也就是讓心跳達到一定次數以上，並維持至少二十分鐘。最有效的有氧運動包括慢跑、自行車、游泳、健行、登山等，這些全都需要運用雙腿。

亞洲人體質不像西方人那麼容易發胖，女性也大都以「瘦」作為美的標準，但許多看起來瘦瘦的台灣人其實體脂肪過高，是所謂的「假瘦」。看一個人是真瘦還是假瘦，健康不健康，雙腿肌肉線條是重要指標。

其實並沒有醫學根據證明常運動比不運動更長壽，但所有證據都顯示，常運動能避免或延緩疾病，提供人們從事各種活動所需要的精力，還可以藉此提升抗壓力，維持更健康的心理狀態。簡單地說，愛運動的人擁有較高的生活品質。

善待自己就要養成每週至少進行三次有氧運動的習慣，不做有氧的日子也要盡量走滿一萬步。別說沒力氣，因為力氣就是這麼來的，更別說沒時間，因為那只代表你認為健康不夠重要……常保青春還是加速老化？一切從雙腿開始！

我是單車大鐵人

住在北京的時候就聽聞台灣自行車風氣盛行，曾趁回台探親在台北河濱車道見識過熱鬧景象。回台定居高雄後常騎車四處游蕩，但只是做為代步或休閒健身，雖然聽過單車環島活動，電影《練習曲》也看得我心癢癢，可是一想起路途的遙遠就跟自己說「還是改天好了」，這一改就成了遙遙無期。

今年年初到紐西蘭旅行，公路上隨處可見的單車一族再次勾起騎車環島念頭，對，「有些事現在不做，這輩子恐怕做不了了！」說服老婆花了一番功夫，我倆討論半天，結論是，不做不知道，乾脆直接上網找到一家風評不錯的車隊，早早報名繳費，即使不能立刻將生米煮成熟飯，起碼先把火點上，再走著瞧。

我倆平時常騎車，距離約為一、二十公里，最多曾騎到六、七十公里就已經很累，上網一看環島資料，不會吧！九天要騎九百多公里，這哪是常人辦得到的！肯定中間會有幾段坐火車什麼的！況且資料中也說了，如果身體不適，隨時可上隨行的後勤車輛。因此，出發前一個月我倆雖然稍微增加了運動量，但並沒有做太多針對性訓練。

日子一天天接近，心理產生微妙變化，從剛報完名的興奮，漸漸進入緊張期，到了臨行前幾天竟然產生抗拒，一會兒覺得天氣太熱，一會兒看氣象報告說要降溫下雨，又擔心太冷。最妙的是臨出發前一天，竟然在跑步機上扭傷腳踝，這下如果中途發生任何狀況，可不能怪我軟腳！

出發——龜山坡

硬著頭皮來到出發地台北，當晚的行前說明會就像一場收心操，領到頭盔、把手包、GPS等裝備固然令人興奮，聽到各種注意事項讓我倆那晚緊張得都沒睡好。第二天天未亮就起床，搭第一班捷運到火車站附近的集結地，雖然剛過六點，卻比菜市場還熱鬧，整裝備的、送行的、陪騎的、探頭探腦的（路人），那氣氛從入伍受訓以後就沒見過，但起碼我還當過兵，沒受過軍事訓練的老婆當場被震得有點犯傻。

原以為也就是一、兩位導遊，帶領十人左右的團隊一路走走看看，結果發現竟然有五十多位團員，加上六、七位工作人員，後勤補給車等，浩浩蕩蕩跟行軍差不多。團員中有些年輕力壯的小伙子，但也不乏年齡和我差不多的歐吉桑，還有幾位中年婦女。女性比例約四分之一，不算少，平均年齡約四十歲左右，不算年輕，心中暗忖自己平時有運動，應該不至於落後。

熱身完畢，正式跨上將要相依為命九天的腳踏車，試騎幾圈，感覺不錯，一切就緒，在親友團吼叫打氣聲中，醜媳婦終於見公婆了。

第一段穿越台北市區，大夥每走幾步就被紅燈攔下，一團和氣，沒想到爬過一座忠孝橋，隊伍就被拉開了，我還在吃力爬坡時，隊友們一個個從我身旁超車。那怎麼可以，使出吃奶力氣爬，總算也被我趕上幾個。下橋時帶點剎車讓車滑行，迎著微風看風景，咦，旁邊隊友怎麼又一個個兩眼發直，從我身旁呼嘯而過，只好收起玩心，全力以赴。

早上分成三段前進，每段平均騎一個鐘頭，距離二十公里左右，然後集結休息二、三十分鐘，下午也一樣。那天還不到中午我就領悟到，這回上的可是一條賊船，這幫貌不驚人，面相溫和的人，一旦上了車全成了殺氣騰騰的競賽選手，我得拼盡全力才能讓自己不落後。

中午在工廠吃飯，狼吞虎咽吃得比平常多很多，想起前晚問教練環島可不可以減肥，他臉上露出的那抹神秘微笑。我還在慢慢吃著，旁邊夥伴早已吃完，領了一張像是包裝水果用的塑膠薄墊，隨地一鋪就開始打呼，趕緊依樣畫葫蘆，無奈平時有午睡習慣的我，這會反倒睡不著。

下午整裝再戰，碰上新狀況——龜山坡，以前騎車最大的挑戰是路橋，但苦撐幾分鐘過去就好了，龜山坡不是路橋，爬呀爬呀，汗如雨下，頭一抬怎麼完全看不到上坡終點在哪，心想那就換低速檔慢慢爬，只見身旁隊友口中丟下一聲「加油」，就此絕塵而去，雖然我只能看到他們的車尾，心想他們臉上必然帶著一抹猙獰微笑。

龜山坡像是一場震撼教育，以前從沒想過原來騎車還得爬坡！休息的時候領隊說這只是熱身，幾天後到了東部才是真正的挑戰。他當時說這些時沒嚇到我，因為眼下我只能專注在如何奮力向前。

第一天終點在竹南，感覺有點莫名其妙，竹南不是坐火車才能到嗎？怎麼騎騎腳踏車就來了？晚餐又是一場狼吞虎咽，然後大夥開始做自我介紹，我這才知道大部分參加者都是受親友的推薦來的，對過程有一定的了解，也做了不少準備，像我倆這種愣頭青很少。

除此之外，我還理解到另外兩個狀況，一是行前資料中說九百多公里就是九百多公里，從頭騎到尾，沒有坐車這回事，要上後勤車隨時歡迎，但哪怕只是幾分鐘，視同全程放棄，拿不到證書。另一個狀況更慘烈，我生平第一次真正感受到——台灣島不是平的！

行經高雄

唏哩呼嚕度過第一天，一身酸痛，教練教我們敲打自己的雙腿，大夥像對仇人一樣死命捶，一方面能盡快消除乳酸堆積，另一方面寧願用痛楚取代更難受的酸。第二天行程一路拼到員林，辛苦依舊，但漸漸開始習慣各種例行活動，中午休息，也能勉強入睡，只是在迷迷糊糊中聽到集合哨音還是會受驚嚇。第三天以平路為主，但要挺進一百二十多公里到台南永康，一路上每經過一個城鎮，都讓我對生活幾十年的台灣有更深一層的認識。

從高雄出發時天氣炎熱，北部溫度低，把衣服全穿在身上，一碰上下雨，外面是雨水的濕，裡面是汗水的濕，風一吹很冷。教練每天吃晚飯時幫團員量體溫，第二天我果然有發燒的跡象，趕緊吞下無數杯熱水，埋頭就睡。一覺醒來好很多，才理解不可以等口渴才喝水，逮到機會就要不斷補充水、鹽和食物，接下來我每天至少吃三、四根香蕉，不是愛吃，是怕生病。

大號是另一個問題，運動過量加上心情緊張，三天下來產量基本是零，教練教大家用香蕉沾蜂蜜吃，狀況才慢慢好轉。老婆連續幾天睡不好，吃安眠藥也沒用，每天起床都問一遍幹嘛要來，一開始我還幫她加油打氣，漸漸連自己也開始產生疑問，好好日子不過，受此折磨，所為何來？好在幾天下來大夥變得較熱絡，才知道幾乎每個人身上都有些傷痛，同病相連，也算是一種加油打氣吧！

第四天路過高雄感覺很奇妙，前幾天才搭車由此北上，現在居然順原路騎車回來了，更奇妙的是，還來不及停下喝杯水，我又開始離家越來越遠，差別是這回是南下，不是北上。

進入屏東，四天來第一次見到大海，也是第一次見到陽光，心情好些，中午在露天停車場地面睡覺，有種意氣風發的感覺，這下我可是一個貨真價實的背包客啦！開朗心情沒維持太久，當天晚上教練宣布太平日子結束，第二天要爬南迴最著名的壽卡段，過去大部分沒有完成的人都是敗在這裡。那天晚上大夥的話變得很少。

挑戰壽卡

爬壽卡發生在第五天早上的第二段，短短不到七公里，上升三百公尺，現在回想還心有餘悸。

坡陡得像直接上天堂，騎平路時因為風吹頭上不常流汗，這會斗大汗珠撲簌撲簌直往眼眶裡鑽，又沒有手可以擦，因為必須雙手使出全力才能保持車頭平衡。大腿肌肉像冒火一樣，屁股因為過度用力難受得要命。平時碰到上坡，大不了換低速擋應付過去，壽卡某些路段即使用二十七個檔位中的最低檔，腳下感覺還是很重，每當減檔減到沒得減時，心中一股無助感油然而生，什麼叫「身心雙重煎熬」，這就是了！

不知多少次冒出停下來休息的念頭，但看到四周夥伴埋頭苦幹的模樣，還有教練的催促聲，繼續踩吧！隨著GPS顯示離目的地距離一公尺一公尺減少，奇蹟發生——踩完了！陸續抵達最高點的夥伴把憋了許久的情緒透過喊叫、跳躍宣泄出來。

後來我才知道，壽卡不是全程最艱難的路段，卻是一個重要的里程碑。就像成人禮一樣，經此洗禮，原來以為多麼艱苦的西部行程，如今回想只算小菜一碟，而更艱難的挑戰依然橫亙於道路前方。

蘇花驚魂

第五天落腳台東知本，本想好好泡溫泉，教練不准，因為會讓肌肉過於放鬆。第六天騎行於花東縱谷，地勢高低起伏，風景很美，但沒什麼時間和心情欣賞。參加之前就擔心騎車屁股痛，東部紅綠燈少，屁股得不到休息，教練教大家抹凡士林緩解疼痛，一天下來座墊被滲出的凡士林抹得油亮精光。

撐過第六天心情開始有點放鬆，加上腿上乳酸堆積達到高點，走路

A07

姿勢像企鵝一樣，坐下來或爬樓梯一片哀嚎，心想領隊如果還有一點人性，就應該讓後幾天輕鬆一點，給大家留下一個美好回憶。

事後證明這念頭錯得離譜，第六天晚上在花蓮瑞穗，教練宣布隔天將進入令人聞之喪膽的蘇花公路。據說本團是全台唯一走蘇花不坐火車的車隊，為此吃完晚飯還增加一場夜騎訓練，以適應蘇花公路上的特殊地形。大夥面色凝重，爬壽卡前緊張的氛圍重新回到車隊。

第七天下午開始進入蘇花，路窄、車多、落石、施工、護欄外是一望無際的太平洋，心情緊張不難想像，更大的驚嚇來自似乎永遠走不完的隧道，裡面雖然有燈，但微弱程度顯然不是為自行車而設，最可怕的是聲響，大卡車的轟隆聲本來就嚇人，在隧道裡簡直像惡魔。

自行車的小車頭燈基本上起不了自保作用，車隊出發前每人發一個哨子，每進一個隧道大家就死命吹，一方面提醒來車自己的存在，更重要的是壯膽，我現在完全能明白「暗夜吹口哨」的道理。邊騎車邊吹哨其實頗影響呼吸，但極大程度有助於渡過難關。當晚落腳宜蘭和平，躺在床上耳中還不斷響起尖銳的哨音。

蘇花的挑戰遠不止隧道，第八天行程只有七十多公里，是最短的一天，卻是最艱苦的一天。原因是要爬三座山，一座比一座高，南迴的壽卡難是難在七公里內上升三百公尺，第八天要爬的第二座山難度和壽卡差不多，第三座山叫烏岩角，要在不到六公里內上升近四百公尺，連走路都很困難，更別說騎車了，何況還有卡車、轎車共用狹窄的車道。

這段路是如何熬過來的我到現在還不大明白，只知道把身上酸痛置之度外，反正沒檔可換，那就沒天沒地地踩，心中只剩一個念頭：來吧，拿出你最大本事打擊我吧，就算遍體鱗傷，我的腳就是不停，看你能奈我何？就在我把幾十年沒罵過的髒話全部罵完之後，到了！

北宜——最後關卡

當天晚上的惜別晚會不如我預期的歡樂，一打聽才知道大家在擔憂隔天的北宜公路。我以前開車常走北宜，印象最深的是九彎十八拐，但從沒想過騎腳踏車走北宜是什麼概念。

因為是最後一天，早上起床情緒高昂，才一出門熱情立刻被完全澆熄。天啊！北宜的坡長得沒天理，一圈一圈直上雲霄，我受的苦難還不夠多嗎？跟你拼了！身上酸痛已然痲痹，流下的汗水可以接滿好幾個水壺。就在踩得天昏地暗、神智不清的時候，忽然一瞬間，一個念頭閃進我的腦袋——我知道為什麼來這裡了！

現在的我跟九天前已經不是同一個人，以前連從高雄市區騎到西子灣都嫌遠，想做點什麼事，經常怕難怕苦。經過這場磨練，我深刻體會意志力的強大，再遙遠的地方，一步一步走總有到達的一天，再困難的目標，一點一點做，終有完成的時候。

只要有志氣、勇氣和傻氣，天下真的沒有不可能的事，回去以後把這段艱苦經歷講給別人聽大概很難引起共鳴，但何必要共鳴？我的經歷就是我的，誰都不能拿走或改變，這是唯一重要的事，也是來此做這件傻事的原因。想通這點就像打通任督二脈，剩下的行程在談笑間順利完成。

下午從坪林一路下坡滑入新店，久違的紅綠燈又出現了，走走停停，最後集結在中正紀念堂前廣場，團員相互擊掌道賀，拍照留念。九天下來共同的艱苦經歷，培養出無需言語的革命情感。

這次行程的艱苦程度超出預期許多，一路上對老婆有些歉疚，最終突破難關也為她高興不已。如她所說，這趟旅程就像邁入中年後的二度成人禮，和家人朋友之間的扶持交流固然重要，但生活總歸自己在過，就像平時和隊友相互加油打氣，一上車一切靠自己一樣，培養能力和建立自信才是過好日子的王道。

過去一年回到台灣多少令我有些失望，接觸到的人同質性太高，而這幫愛騎車的人讓我改觀不少。他們之中，有好幾位六十歲以上，還有曾經失敗重新回來挑戰的人，也有小兒麻痺患者、少了部分肺功能的人，甚至還有一位腦麻患者。如果我覺得難，他們怎麼辦？如果我不知道圖什麼，他們圖的又是什麼？

許多參加者的話不多，但我知道每一個人的背後都有一個動人的故事，只是不需要敲鑼打鼓尋求別人的認同而已。在他們身上我看到人性的光輝，讓我對我的家鄉重新燃起希望。

九天行程結束了，每一位完成全程的參加者都領到一張成本價值台幣二十元的證書，帶著全身滿到快溢出的乳酸互道珍重，踏上歸途，回到各自的日常生活。隔天一覺醒來，我出門吃早餐，迎著初生陽光，冥冥中心中響起一股聲音：來吧，生活，拿出你最大本事挑戰我吧，我不怕，因為我是單・車・大・鐵・人！

挑戰六公里

二〇一二年春天，我不自量力報名參加騎單車環島的活動，糊里糊塗居然完成了，辛苦歸辛苦，卻讓我深刻體會人的潛力無窮，不試不知道，一試真能把自己嚇一跳。原以為這種傻事做完就算了，當成日後一段美好回憶可以，再做類似嘗試萬萬不可，沒想到經過幾個禮拜休養生息，就好像在環島過程中不知不覺染上傳染病，全身又開始發癢，想做點和自己身體過不去的事情。

在臉書上見到一起環島的隊友們，剛結束環島就再接再厲上山下海，除了騎車外，還有人挑戰長跑甚至鐵人三項，佩服之餘也產生效法的念頭。我們夫妻倆平時都會跑步，但從未參加過路跑活動，上網一查，果然發現許多不同單位舉辦的長跑比賽，最近的一個在兩個月後，但只邀請女性參加，那好吧！就讓老婆參加，我權充教練和陪跑，一起感受路跑的滋味。

活動分成六公里和十公里兩組，我倆自然挑選較簡單的六公里，我參考曾經看過的相關書籍，大致訂定一個為期六週的訓練計劃，設想一開始慢點沒關係，接著透過練習逐漸加快速度，目的是比賽前把狀況調整到巔峰，爭取佳績。計劃一旦完成，立刻感到信心十足，心想這回可不會再重蹈環島覆轍，因為準備不足遭受身心的雙重煎熬。

第一次練習就發覺情況不對，再練一次之後，我把計劃徹底推翻，重新來過。新目標是：別管速度，能跑完就好了！原來我低估了六公里的距離，我倆平時雖會跑步，但很少連續跑步超過半個鐘頭，如果按平常速度，大概四公里左右就沒力氣了，只好改變策略，刻意放慢腳步，在不停下來走路的前提下，盡力維持耐力和體力。

新策略或許缺了點英雄氣概，但顯然比較有效，我倆一起練習進入最後一週時，跑完全程已經不成問題，至於成績嘛，就不要太在意啦！

到了比賽日，集合地在凱達格蘭大道，時間是清晨五點半，意思就是前晚幾乎不能睡覺。我倆抵達現場時，立刻感受到場面的震撼，陸續抵達的人群把整條大道擠得密密麻麻，從身上號碼牌判斷，參賽者約有一萬人，再加上像我這種陪跑的「黃魚」，熱鬧非凡。

人多還在其次，最令我感到手足無措的是從來沒有被這麼多女人包圍過，況且這些不是普通女人，全是身強體健，穿著清涼的年輕美眉！害我一時之間不知該微笑示意，還是刻意保持一個酷酷的「長者」風範。

長官致詞、來賓致詞、熱身活動等等結束後，六點四十分，終於開

跑了，老婆消失在人群當中，我按照原定計劃，背著放置我倆雜物的背包在管制線外平行道路上一起跑。

我事先研究過地圖，打算一路跟著大隊人馬跑到位於大佳河濱公園的終點，卻沒料想到主辦單位在新生高架橋前進行管制，所有男性陪跑者全被趕了出去，不准上橋。我們沒放棄，參賽者在橋上跑，我們在橋下跑，雖然需要躲避車輛行人，有時還被紅綠燈攔下，但還好週日清晨路上人車不多，跟得還算順利。

隨著跑過一條條街道，陽光越來越烈，平常練跑穿著輕便，這時背後的背包顯得越發沉重，高低不平的路面也造成一定困擾，但不知是平時練習發揮作用，還是因為競賽氛圍激發腎上腺素，總之，我在比自己預期更短的時間之內抵達終點。

開跑時參賽者臉上的表情多少有點緊張，到了終點一張張紅潤的臉龐上盡是輕鬆笑容，早已等候多時的親友團忙著找人，拍照留念。我發現要在人群中找老婆太困難，而且隨著參賽者陸續抵達，被大批女人包圍的不自在感又開始浮現，於是決定先行離開。

在家中和老婆聚首，知道她一路順利地跑到終點，為她感到高興，第二天上網一查，她的成績比在練習時進步許多，更令人意外的是，在所有參賽組別的五千多人中，她排名第七百零三，考量絕大部分參賽者都比她年輕，這是個出乎意料之外的好成績！

運動真是個好東西，除了能讓身體健康，還能放鬆心情，減低壓力，經過這兩次（環島、路跑）活動，我還發現運動可以培養冒險犯難，不畏艱難的勇氣。

也就是說，越愛動的人越敢嘗試新奇，越嘗試越愛動，碰上挫折也沒關係，習慣就好；反之，越不愛動越不願（敢）接觸不熟悉事物，越不接觸越不愛動。從環島隊友身上我發現一個真理，愛跑愛玩，笑口常開，凡事充滿好奇心的總是某一群人，而健康狀況不佳卻困坐愁城，不求改變的也總是另一群人。

之後我特別找了村上春樹的《關於跑步，我說的其實是……》這本書來看，年過六十的他過去三十年每年至少參加一次全程馬拉松，行有餘力還挑戰鐵人三項和超馬，平時幾乎天天跑十公里以準備各種賽事。不知情的人可能以為他是個專業運動員，事實卻是個多產的知名作家，運動帶給他身心靈全方位的好處，要不是這個習慣，相信他大概無法創作出這麼多受歡迎的作品。

受到這次經驗的鼓舞，我倆決定一起報名參加幾個月後的富邦路跑賽，這次將要挑戰九公里。Wish me luck!

跑動人生

我從小喜歡運動，但最討厭跑步，年輕時體型高瘦，愛打籃球，三十多歲開始打高爾夫，以為只要打得夠多就可以保持健康，沒想到體重越來越重，腰圍越來越粗，三高越來越高，才知道高爾夫達不到青壯年需要的運動量，尤其球聚經常伴隨吃吃喝喝、熬夜少眠，身體狀況不上反下。

年過四十狠下心跑去買了台「貴桑桑」的跑步機，功效卻不如預期，不是意志力不足，三天打魚兩天曬網，就是太貪心，猛練兩天全身酸痛，總之幾個月後就棄械投降。還有一點，我從十八歲開始抽煙，平均一天一包多，心肺能力大受影響，抽這麼多煙還要一邊跑步，基本上是不可能的任務。

四十五歲毅然離開職場的原因之一，正是身體狀況快速下降，不是怕體型走樣或壽命不長，而是怕活著的時候生活品質不佳，工作有氣無力，玩樂也無法盡興。找了各種相關書籍和資料來看，所有答案都類似，要解決問題，就必需持之以恆的從事有氧運動，尤其是慢跑和自行車。

硬著頭皮從新開始，我換了方法，或應該說換了心態，不再執著於「跑」，而是著重在「走」，在身體能承受的狀態下，盡量走久一點，然後才慢慢加快速度，而且只要天氣不太熱，就盡量在戶外走。除此之外，以前坐車到達的地方，現在盡量改成走路或騎自行車，以前坐電梯，現在爬樓梯。

走了一段時間後，漸漸開始跑起來，道理很簡單，走得夠快就是跑，走得不夠久、不夠快之前就強迫自己跑，是揠苗助長。而且不是只有走路能幫助跑步，騎自行車、爬樓梯、伸展、伏地挺身等各種活動都很有用，跑步是全身運動，不止用心肺，還得用到幾乎所有肌肉。

又過一段時間，首先產生的效果，居然是戒掉抽了二十八年的香煙，運動時心肺自然對侵入雜質產生排斥，運動多了，加上點意志力，一鼓作氣擺脫掉這個超級粘人的壞習慣。接著體力漸漸變好，雖然體重沒降，甚至還增加一些，體型倒是恢復年輕時的高瘦，只是大兩號而已。

搭遊輪旅行時，曾在船上遇見一位老外，年近七十正在為下一場馬拉松備戰，他說人生第一場馬拉松在五十歲那年，至今已經征戰全球幾十場，我好奇地跟他討教許多和馬拉松相關的事情，他回答得很詳細，令我印象最深的一句話是：「跑步有什麼難的？只要把一隻腳跨到另一隻腳前面就行了！」

我跑了十年從沒想過參加路跑賽，受那位長者感召，回台後立馬報名富邦九公里路跑，因為平時從未跑過這麼長的距離，比賽前緊張得要命。跑完成績雖然很普通，但完成得還算輕鬆，士氣大振，心想這輩子或許和馬拉松無緣，可是如果能在年老力衰前拼個半程馬拉松，一定可以成為老來自滿的回憶。

九個月後果然參加了過去連想都不敢想的半馬，而且不只一次，是兩週內連續兩次，原本打算如果一次不成還有另一次機會，結果居然兩次都順利過關，大嘆人類潛力無限之餘，腦海中第一次出現馬拉松不全然是夢的想法，起碼嘗試一下，不成有什麼損失？於是腦袋一拍，當場上網報名半年後的台東馬拉松。

事後證明這個選擇不佳，四月下旬的台東陽光熾熱，跑道又設在上下起伏的山坡上，難度很高，整個後半段我基本上是咬著牙硬撐過一公

里又一公里，好幾回差點放棄，想放棄時會生氣，氣起來就罵自己，後來連罵都罵不動，腦袋一片空白，只剩雙腿機械式地交叉前進。

抵達終點時沒有群眾夾道歡呼，因為工作人員和親友團幾乎都走光了，現場只剩幾個在收攤子的工讀生，也沒有預期中的狂喜，全被強烈的肌肉酸痛所淹沒，但不知從何而來，一股莫名的平靜在心中渺渺升起。

其實我到現在還是不喜歡跑步，它不如籃球刺激，不像高爾夫好玩，但只要身體允許，我會一直跑下去，原因很簡單，它確實可以提高生活品質，除了顯而易見的身體健康之外，更可以鍛鍊意志。跑步的人遇困難絕不會消沉萎靡，跑步的人敢於做夢，因為他們知道，不管目標再遠，一步一步總有抵達的時候。

參加路跑不是跑步的目的，但可以增加趣味，還可以激發平時難以發揮的潛力。建議想嘗試的人，不要給自己太大壓力，但也不要小看自己的潛力，人有許多夢想，光用想的，比登天還難，真的做起來，就像跑馬拉松，「有什麼難的？只要把一隻腳跨到另一隻腳前面就行了！」

違反人性才迷人

三十出頭，第一次接觸高爾夫，那是「台灣錢淹腳目」的年代，隨著股票大漲，企業界掀起一陣高爾夫熱。我服務的公司裡幾位年資較深的同事受到感染，瘋狂愛上此道，經常下班後直接奔練習場，平常在辦公室湊在一塊，聊起打球，個個眉飛色舞，聽眾越多，聲調越高，受此環境薰陶，我們這些年輕後輩自然心生嚮往，下班跟大夥一起揭「桿」起義。

別看這狀似簡單的「老人」遊戲，剛開始打，明明在地上靜止不動的小白球，硬是能讓一個七尺壯漢，使出吃奶力氣擊打之後，依舊杵在原地，紋風不動，任你氣得牙癢癢，它卻依然故我。但隨著練習次數增加，偶爾飛起在空中劃出的美麗弧線，也能讓枯燥重複的揮桿變得清涼有勁、回味無窮。更棒的是，以後當有人在辦公室吹噓打球種種時，我不再只能鴨子聽雷。

練習場練了一段時間，醜媳婦還得見公婆，第一次上場是大事一件，通常初學者能把球「趕」進洞中而不被後面人抱怨太慢，已經很不容易，還要計算桿數有點強人所難，我開始可以勉強數出十八洞打了多少桿，起碼是上場十幾次之後的事。

正因如此，越發感受到克服挑戰的美好滋味，打球次數也跟著越發頻繁，隨著兩手膚色反差越來越大（只有一手帶手套），我自然也成了公司「Old Boy」俱樂部一員，聊起打球口沫橫飛，意氣風發，潛移默化間，就像我的前輩一樣，向比我更年輕的同事，傳遞出打球對提升社會地位的重要性。

接下來很長一段時間，我的週末假日都跟打球脫不了關係，高爾夫之所以被視為貴族運動，除了花錢，另一個原因是花時間。為了早上打球，經常天還沒亮就得出門。早睡早起當然好，但現實常是晚睡（甚至不睡）早起，打完球再補眠，週休兩天，一天打球，一天恢復，別的事都不用做了。

自我安慰運動健身好處多，但後來讀了一些報導才知道，作為一種運動，高爾夫最有益健康的部分是走路，其次是背球袋。這下可好，在亞洲大部分國家打球，球桿都有專人負責拉運，有些球場是開車打球，連路都不用走。尤其打完球大吃大喝幾乎是例行公事，所以美其名為運動聯誼，一段時間下來，許多人反倒經常往腦滿腸肥的方向發展。

在台灣打了幾年球，成績穩定破百，自認是個老手，工作外調澳洲，卻對高爾夫有了全新體認。在這裡，打球費用便宜點的連台灣十分之一都不到，也就是說，高爾夫在澳洲，不過是眾多供大家選擇的運動項目之一。台灣球友以中年（富有）男性為主，打球講究規矩和成績，澳洲球場上男女老少、販夫走卒，什麼人都有，各拖各的球袋，一路說說笑笑，像郊遊野餐。

受此氛圍感染，揮桿之餘，我也漸漸培養出欣賞自然美景的閒情逸致，從日出的晨露到日落的夕陽，從樹木花草的芬芳到野生動物的生動逗趣，這些都是我過去在台灣打球未曾注意到的。回頭想想，不是台灣的自然景觀不美，而是被刻意塑造出的階級氛圍，和一心只想把球打好的競爭心態影響，讓人忽略高爾夫這些迷人的特質。

早期的中國大陸，高爾夫更是離一般人很遙遠的活動，我住在北京時，有一段時間因為自己不開車，常在假日抓幾根球桿搭計程車前往練習場，走在路上經常有路人投以怪異的眼光，還有一次引來警察盤問，大意是：「何方好漢，居然膽敢公然抄傢伙上街尋仇？」

北京冬天，多數球場因為氣候太冷關閉，但總有那麼幾家不開白不開，反正地上也沒幾根草，剛好提供打死不退的球友們一個解饞的去處。在冰點以下打球很辛苦，但也是特殊的體驗，譬如開球時，桿弟需要用隨身攜帶的小榔頭，在凍硬的地面鑿個小洞才能插球座，如果球掉在結冰的湖面，不但不用罰杆，小白球還會向溜滑梯一樣骨碌碌地滾得比飛得還遠。

和多數球友一樣，我的成績一開始進步很快，後來起起伏伏，到了近幾年，無論如何認真，桿數經常不進反退。以前打完一場球，成績總能相當程度影響心情，後來慢慢發覺，在意桿數只是跟自己過不去而已。

高爾夫就是這麼回事，不努力當然打不好，努力也不見得打得好；不用力打球飛不遠，用力打球更不飛；越怕進入困境，越容易進入；越急於脫困，則陷得越深，這些種種，好聽點叫「修身養性」，難聽點叫「違反人性」。無論怎麼叫，這就是高爾夫，跟它計較，自討沒趣；理解之後，反有迷人之處。

許多人退休後花許多時間打球，為何不？總比成天看電視強，尤其以前時間不夠，現在剛好利用打球填滿大把空閒。我五年前退下來時為打球做了不少規劃，可是打著打著，以前打球像過年一樣的興奮感，反倒下降很快。

深究原因，不全然只是因為現在天天可以過年，更重要的是，即使高爾夫好玩，但缺少一種只有創造才能帶來的挑戰和樂趣，做為調劑身心的活動很好，運動健身也說得過去，但作為生活重心，只怕有玩物喪志之嫌。

打了二十年球，現在打球動機跟開始時大不相同，為了身分地位的心態沒了，為了突破成績的野心少了，以前打球必定呼朋引伴，現在卻喜歡一個人打球，獨自拖著球桿在諾大地原野踽踽獨行，任由腦袋胡思亂想，有一種和天地融合的孤獨美。當然啦，有一件事始終沒變，那就是球兒飛起，在天空中畫出的那道美麗弧線！

如何保持心靈平衡

單只有一個好看的身體不夠，還必須要有「心」和「靈」與其相伴。

——愛比克泰德，哲學家

維繫家人關係的不是血源，而是相互之間的尊重和分享。

——理查·巴哈，小說家

自尊對於人們福祉的重要性，就像桌腳之於桌子，它是身心健康和快樂生活的基本元素。

——露易絲 哈特，音樂家

膽敢浪費一個鐘頭的人，一定沒有找到生命的價值。

——達爾文，科學家

退休的人際關係

退休前和退休後的交友圈必定大不相同，原本工作時相處時間最多的老同事，一旦失去共同打拼目標，共同發洩對象（老闆），並隨著各自退休新生活的開展，除了少數例外，終將漸行漸遠。這時，較缺乏社交能力的退休人士，容易變得寂寞孤獨，或過於依賴家人。

其實退休後時間充裕，提供人們透過參加社團、從事公益活動等結交新朋友的大好機會，有些人也的確這麼做，卻常發現要認識人容易，要深交很難；在一起消磨時光容易，成為感情依托很難。一個不小心，還可能成為相互競爭攀比的對象，對平靜生活弊大於利。

許多人轉向和多年失聯的老同學再續前緣，不失為一個好方法，起碼有許多共同回憶，不需花太多力氣「破冰」。

更多退休人士花時間精力在子孫身上，這是人之常情，但我常在講座場合要大家問自己一個問題：「我喜歡和子孫在一起，不知他們喜不喜歡和我在一起？」若想和包括家人在內的他人親近，最好的方法是讓他人想和自己親近，不要把子孫想得過於理所當然、倚老賣老，否則親情享受不成，還可能製造困擾。

個人經驗是退休後朋友不需要多，真正關鍵的只有兩個，第一個是老伴！既然是「老」來為「伴」，相處時間必定很長，如果感情不佳，只怕日子不會好過。但如果真的不佳怎麼辦？我身邊就有好幾個例子，雖然老夫老妻不致離婚，但要在一起享受生活又有些彆扭，更別提成天「大眼瞪小眼」的不適。

感情如果能修補當然最好，實在不行也別勉強。感情再好的夫妻也不見得有共同興趣，或老是膩在一起；重點是相互尊重，給予對方時間、空間和自由做自己想做的事。我見過好幾對愛旅行的夫妻，不願和對方一同出遊又不讓對方單獨出遊，相互牽制的結果對誰都不好，不如從和其他朋友一起出遊開始培養情緒。

最最重要的朋友其實是自己，和自己交朋友代表把生活重心放在從事喜歡做的事，於過程中學習成長。懂得和自己交朋友的人不害怕獨處，同時又很容易結交朋友，因為不需依賴他人的輕鬆感可以讓他的態度和藹可親，自信讓他身上自然散發吸引力，令人想要親近。

有人提議退休後和有共同興趣的朋友可以一起居住，我同意一半，重點是「共同興趣」，在一起相互磨練砥礪，學習成長，不亦樂乎。住一起就沒必要了，退休之後的人際關係重在情感支持，自我實現，而不是抱團取暖，消磨時光。

退休的壓力管理

出國時如果用心觀察，應該會發現，相較於其他國家，台灣的經濟、社會、政治發展都相當不錯，可是人民卻不愛笑。走在街上面無表情算是比較好的，有表情的大多只是煩躁不耐，當然遇見熟人還是會習慣性堆起笑臉，但其中自然真誠的成分只怕很有限。

世上有千百種不同語言，唯一全人類共通的一種就是「笑」，笑是天生的，不需要學，正常人常笑，不見得是大笑，更多是自然流露出的輕鬆微笑。換句話說，不愛笑的人不正常，或不健康。如果受困於身體疾病而笑不出來，我能理解，但還有許多身體無大礙的人也不愛笑，反應出的是心理不健康。

心理不健康最大元兇是「壓力」，生活處處充滿壓力，躲不掉也不需要躲，因為壓力並不是壞事，人必須要有適度壓力才能激發潛能，突破自我。重點就在這「適度」兩字，我們不能控制壓力來源和強度，但能排解舒緩壓力，台灣人不愛笑，說穿了，是因為我們管理壓力的能力不佳。

為何不佳？有句形容台灣人個性特色的台語是「愛錢又怕死，好騙又難教」，雖然語帶玩笑，卻也一定程度說明一般人無法用樂觀豁達態度面對生命的原因。尤其步入中年，照說該進入不惑，知天命的境界，卻由於缺乏獨立思考能力，參不透金錢和生老病死，以致壓力過大，難以平靜輕鬆過日子。

有關金錢的部分在前面章節已多有著墨，至於「怕死」，人都怕死，但人都會死，所以人不該害怕去「考慮」死，為死做好準備。這點很關鍵，因為唯有做好死的準備，人才能活得好，如果一味把死當成禁忌，不願坦誠面對，那麼隨著年歲增長，心中壓力自然越來越重。

老病的道理也一樣，養成健康習慣的目的不是為延長壽命，而是為提升生活品質，生病和老化只是時間問題，如果不能接受這個現實，總為身體不如年輕時勇健而難過生氣，或經常擔憂大限將至，心理怎麼可能健康？

退休之後獨立思考的能力比年輕時更重要，原因是人在求學階段不用想太多，把書念好就好；進入社會，努力工作、成家立業就好。退休後這些挑戰都沒了，身邊也少了模仿學習的對象，這時更需要反求諸己，思考並決定後半段人生如何度過，缺乏這種能力就像在黑暗中摸索，壓力自然大。

和解決身體問題不一樣，解決心理問題知難行易，做起來不難，難是難在必須和社會主流意識對抗。台灣社會一向不重視心理健康，更別提中老年人的心理健康，原因是台灣從未經歷過快速老年化的社會結構，雖然常將「敬老尊賢」掛在嘴邊，現實中銀髮族常被視為貢獻度不高的負擔。

社會對退休者沒有期待，退休者卻不可以放棄自己。沒有了由外界訂定的目標，正是重新定義自己的最佳時機，多看書、多旅行，做這些事情的目的不是為了學習效法成功者，退休這件事也無所謂成功或失敗，而是為了透過外界認識自己，從而為自己訂出比年輕時更有意義的人生目標，然後一頭栽進去。

觀察我們生活四周的銀髮族，有些人慈眉善目、和藹可親，更多的卻經常皺著眉頭，甚至橫眉豎眼，差別就在心理健康程度。退休一族要享受生活、要實現自我，就要重新界定生活的優先順序，看清金錢、死亡和面子的本質，唯有這樣，才能有效管理壓力，唯有這樣，才能「優雅地老去」！

學習尊重兒孫的獨立

台灣社會因為少子化的關係，我認識的人當中，凡是家中有小孩的，不管上的是幼稚園、補習班，還是國高中，幾乎全是家長專車接送上下學。大人們為了小孩搬家、換工作，甚至移民，時有所聞。

有一位朋友在臉書上說他的小孩得到作文比賽首獎，眾親友紛紛發文祝賀，有人建議申請入學加分，有人提出改善小孩較弱的數學成績祕方，但當某人問起得獎作文內容時，才發現沒人讀過。

以下場景你一定不陌生。外人問小孩：「你幾歲？」小孩低頭不語，旁邊父母趕緊插入說：「快，跟叔叔說三歲！」補習班下課，小孩口中吐出幾個英文單字，來接小孩的家長笑得合不攏嘴……

麥克阿瑟的〈為子祈禱文〉述說他對即將出世小孩的期望，包括勇敢、堅毅、謙遜、憐憫、幽默，多數台灣父母關心的是分數、名次、甄試、才藝、學歷。麥帥不可能完全不在意考試分數，台灣父母也不是刻意強調依賴攀比，但不同教養重點造就不同人格特質，導致日後天壤之別的人生內容。

我們的上一代生活在物質匱乏年代，用功利價值觀影響我們；但我們的生活環境富裕了，依舊用同樣的價值觀影響下一代。等到下一代為人父母，也如此教導他們的下一代，世世代代的人生在老鼠賽跑中度過，差別是以前追求溫飽，現在追求豪宅。

上一代人家家戶戶都有三、四個小孩，父母忙於生計無暇照顧，小孩自然學得獨立自主。社會越富足，越不鼓勵人們嘗試探索，成長過程如此，長大成家仍經常活在父母餘蔭之中。走不出舒適圈，老本總有吃完的一天，現今社會的經濟和教育困局清楚說明，我們正在大步朝著「富不過三代」的結果邁進。

我沒有小孩，有小孩的朋友如果認為我沒資格發言就別理我，但我還是要說，不管幾歲，家長必須尊重小孩是獨立個體，適時放手讓他為自己的行為和人生負責。唯有這樣，才能在世代交替時，讓該退休者安心退休，該接棒者欣然接棒。這不是自私，不是無情，而是讓自己和後代子孫都有一個實現自我的機會！

有捨才有得

我一向不喜歡使用行事曆，以前上班不得不用，離開職場當場丟個乾淨。過去幾年偶爾有演講邀約，自從出版了《懶人大旅行》之後，邀約場次明顯增多，只好又開始使用。原本有點擔心違背退休後脫離忙碌生活的初衷，想想倒也還好，過去身不由己，行事曆由別人掌控，現在自主選擇，自行管理。

演講忙，怪不得別人，是自己愛講，但講了一年下來感覺太花時間，於是想出一個以價制量的方法。以前從不把演講費當回事，基本上來者不拒；今年開始刻意自抬身價，期望嚇走一些非公益性邀約，卻似乎歪打正著某些行規，邀約不減反增，既然人家那麼有情有義又有錢，那就講唄！

過去幾年旅行時程大致固定，通常一趟大旅行結束會休息一段時間。旅行花費高，不能說走就走，現在既然收入增加，賺錢就要花，於是多排幾場旅行。結果是年初從南美回來至今，除了平時固定的街頭藝人表演外，每週都有演講，每月都去不同地點旅行，日子過得像走馬燈一樣。提這些不是為了炫耀，只是想把這陣子感受到的幾個心得做個總結：

錢是好東西，但強求不來，尤其退休後更不要凡事向錢看。堅持做自己好處多多，除了能讓內心喜悅，還經常能獲得預期外的金錢等回報。

年輕人為未來打基礎無可厚非，進入人生下半場，錢只有用在實現夢想時才有價值，否則花力氣賺錢或省錢都是浪費生命。

要實現夢想，不要低估時間和健康的重要性，趁早列出「願望清單」，有助看清擁有和缺少的資源。

以我為例，就算有幸能不斷複製「旅行—出書—演講—旅行」的循環，而且可以一直保持健康，要實現所有旅行計劃還有一個小問題，那就是起碼得活到一百二十歲！

我活不到一百二十歲，這點提醒我不要浪費時間，為了圓夢就必須在其他事物上做出妥協，甚至犧牲，跑馬燈似的忙碌就是其中之一。但也正因如此，雖然不可能完成所有心願，我為眼前盡心盡力的生活形態感到心滿意足。別說一百二十歲，即使任何時間必須喊卡，都已了無遺憾！

男人，你的名字是弱者！

受邀到某社團演講，參加者全是四、五十歲左右的中年人，男女都有，從事的行業也很多元。雖然是週末，又是個大熱天，大家仍然西裝（套裝）筆挺，一副社會菁英模樣。會議在台北一家五星級酒店貴賓廳舉行，五年前離開職場後我很少參加這麼正式的會議，從踏入會場那刻起，一股似曾相識的熟悉感油然而生。

演講主題是退休規劃，會長在致辭時提到這是許多人很有興趣的話題，果然，演講開始後，聽眾的表情都非常專注。

進行到一半時出現了有趣的現象，有幾位男士原本高高昂起的頭漸漸下垂，輕鬆的坐姿變得僵硬，原本微笑的臉慢慢轉為嚴肅，還有一位突然起身往外走，直到演講結束都沒有再回來。同時間，女士們則顯得越發興致高昂，點頭點得更加頻繁，臉上笑容更加燦爛。

不敢說這些全在預期之中，但我一點都不驚訝，因為以前曾多次碰過類似狀況，剛開始著實讓我困惑好一陣子，後來和許多人交談後才漸漸發現，男女反應差異如此明顯的原因，說穿了就是——壓力！

從我開始談到快樂生活除了穩定工作外，還需要經常運動以保持身體健康，和老伴真誠相處以得到感情慰藉，以及從事職志以實現自我時，男士們便開始變臉。其實這道理不難懂，對於上有老下有小，還要背負沉重社會期待的中年男人來說，確實很難面面俱到。

這就是壓力的來源，明知該做，卻因為來自外界的限制干擾而無法做到，自然沮喪焦躁，更糟糕的是，如果限制干擾不是來自外界，而是自身偏頗的價值觀時，壓力更加嚴重。

眼前這些事業有成的男士，雖然個個穿著風光體面，但很少有人看起來身強體健、容光煥發，想必平日工作繁忙，沒什麼時間運動，週末還來聚會，坐在冷氣房大嚼兩頓精美自助餐，氣色不佳也很正常。

他們之間的互動模式，完全符合商務人士禮儀規範，雖然有輕鬆玩笑的時候，卻完全談不上真誠情感交流。從他們談論自己的休閒活動中可以推斷，不管他們原本各自有哪些興趣特長，現在早已不約而同被高爾夫和KTV所取代。

難道這些都無法改變嗎？未必，但要付出代價！每個人擁有的時間精力固定，事業有成的中年男性想要包括健康、情感、精神和自我實現在內的均衡生活，就必需犧牲部分對工作、地位和面子的追求。有人不明白這個道理，生活隨波逐流；有人明白，卻過不了同儕壓力這關，於是產生心理問題，中年男性是自殺率最高的人群其來有自。

和男性相比，中年婦女面對的壓力性質或許不同，卻並不小，但她們明顯比較懂得管理。專家說女性同理心強，抒發情感管道通暢，較懂得如何清理心頭垃圾，誠實面對自我，平均壽命也較長。我寫的文章大都是從男性角度講述男性經驗，可是從一開始我就發現女性讀者比較多，我問過老婆，她覺得理所當然，因為女性一向比男性更能接受新的觀念和事物！

回想過去到大學演講，男女學生的反應倒是沒有那麼大差異，我原以為他們和中年人是完全不一樣的族群，再仔細一想，其實不過是社會歷練不同的同一群人而已。換句話說，現在口袋空空，但充滿體力和理想的男同學們，再過二十年，大多數就會成為汲汲營營、面帶倦容，窮得只剩下錢的中年人了。

我不知道莎士比亞為什麼說女人是弱者，但我知道在需要用勇敢的心和柔軟的身段來面對生活挑戰時，男人，你的名字才是弱者！

告別貴婦情結

上一篇數落完男性同胞，為求性別平衡，也得說說女性朋友。

曾幾何時，台灣社會刮起一陣「貴婦」風，以前女性一旦結婚生子，稍有些年紀，常被歸類為失去女性魅力的黃臉婆，照顧家庭外鮮少有個人追求。隨著經濟發展，女權提升，不婚婦女增加，不甘被貼上標籤的女性開始藉由裝扮自己，走出家庭，吃喝玩樂，展開「貴婦人生」。

這是一件大大好事，家庭不該是人生理想的終點站，男性藉由工作學習新知，克服挑戰，女性也有完全一樣的成長需求，不管是在相夫教子的同時，或子女成年進入空巢，女性都應該保有自我，既擁有家庭也擁有走出家庭的能力，追求在家庭之外的其他夢想。

但是，如果中年女性宣誓自己依然有夢的方式，只是把黃臉塗白、穿華服、背名牌包，和姐妹淘在餐廳喝下午茶，或一起逛街血拼，顯然太狹隘了一點。這意思不是說人不該打扮，正好相反，上了年紀裝扮自己是一種熱愛生活的表現，男女皆然。

差別是有人純粹為自己而裝扮，展現出異於他人的獨特品味；貴婦們卻多為外界眼光而裝扮，結果模樣大同小異。好不好看還在其次，重點是這麼做不但對擴展生活、實現自我的幫助有限，還容易產生炫耀心理，以及表面上相互吹捧，私底下攀比嫉妒的效果。

和貴婦相輔相成的還有一個「美魔女」概念，步入中年，人多少都會懷念風華正盛，年輕貌美的自己，男女都一樣，只是愛美的女性程度上更強烈一些，這點完全能夠理解。

所謂美魔女是指看起來比實際年齡小，但事實是，除非作假，否則人到了幾歲看起來就是幾歲，差別是年輕時所有人都好看，步入中老年，就真的有好看和不好看之分了。只是造成差別的不是化妝品或名牌包，而是身體健康的程度，健康的人氣色較好，體型較勻稱，行動較矯健，自然比較好看。

另一點則是氣質，年長和年輕的差別在人生經歷和因此獲得的智慧，智慧不代表老氣橫秋，道貌岸然，而是呈現在談吐之間的思想見識，和行動之間的謙恭大氣。中年人能做到這些，就能展現年輕人不具備的魅力。反之，做不到就叫幼稚，既不美，也不魔。

當然我不是女性，只能從旁觀者的角度建議最親愛的「盟友」們，不要努力當貴婦，因為那只會讓妳心情越來越不平靜，也不要追求成為美魔女，因為那更是自欺欺人。步入中年後走出家庭很重要，但別跨出家門卻走錯了路，培養鍛煉健康成熟的身、心、靈，才是又美又貴的王道！

不再為錢工作

一位《45歲退休，你準備好了？》的讀者寫信告訴我，她受這本書影響，已經在上個月決定「縱身一跳」，現在正在交接工作，心情很惶恐，因為逐漸感受到必須自主安排生活的責任。她問我是否有開設退休後如何消磨時間的網頁，或在哪裡可以找到相關社團信息。

這是個典型的問題，我們從小到大很少真正獨立自主選擇過人生道路，一直以來，總是在外界設好的準繩目標之下，憑藉個人努力和機運走到今天。退休是一大轉變，因為它代表人生第一次可以走出固有的框架。惶恐是正常的，但更多的應該是興奮；責任感也是正常的，但更多的應該是自由。

我建議那位讀者，如果網路上找不到合適的社團就自己設一個，跟不上前人腳步就自己開條路。大喊三遍「我退休了！」愛做什麼就去做，想做什麼就去做，沒有好與壞、對與錯，唯一的錯就是不想、不做。

除此之外，過去一般觀念中的退休等同於不工作，現在也已經落伍了。壽命增長，知識普及的結果，如今的退休只代表不純粹為錢工作。而既然退休提供多數人有生以來第一個，也極可能是唯一一個可以實現興趣、理想、意義的機會，退休後反而應該比任何階段都更加努力工作。

我回覆那位讀者，先別急著找事情消磨時光，退下來首要之務是探索人生職志，也就是老天賦予自己，最會做、最喜歡做，做了覺得有意義的那件事。一旦找到，時間就不需要「消磨」了，因為再多也不夠用，時間不但不可消磨，還要把它當成最珍貴的資源小心使用。

年輕時，人們習慣用「對」跟「錯」衡量事物，所謂的對錯又全都存在於外界眼光當中。退休的主要內容是生活，生活沒有對錯，沒有分數高低也沒有績效考核，別人經驗可以參考，但自己的人生一定要自己闖。有沒有風險？當然有，還好有，否則就白走了一遭人生。

年輕時，覺得時間重要，是因為時間等同金錢。退休後，時間不再能有效轉換為金錢，無法跳出慣性思維的人，不管如何揮霍時間，還是經常感到無聊；找到人生新目標的人，會赫然發現時間的重要性其實遠高於金錢，因此絕不願在不能使自己學習成長的人、事、物，浪費一分一秒。

我還跟那位朋友說，退休後，不要怕孤獨，不要依賴別人，即使對方是家人或朋友。學著和自己做朋友，享受獨處，養成閱讀習慣，嘗試一個人旅行，這麼做不但不會變成孤單老人，反而會因為自然散發出的自信自重而吸引別人。反之，害怕獨處，就只能成天混在人群中，更顯落寞。

活得更有主見

昨天和老婆一起上大賣場買菜，我拿起一瓶罐裝海鮮正在看標籤時，一位婦人湊上來問：「吃過嗎？」

我點點頭。

她接著問：「好不好吃？」

我愣了一下，然後說：「我覺得不錯，你覺得怎樣要自己嚐過才知道！」

向有經驗的人徵詢意見很正常，有時別人問我們，有時我們問別人，提問者獲得有用的資訊，回答者助人為樂，皆大歡喜。但如果牽涉到主觀感受時，這事似乎也該有個界限，個人喜好不同，拿別人的偏好當成自己的判斷標準，除了可能陷人於不仁不義之外，對自己也沒什麼實質幫助。

《懶人大旅行》出版後，常有人問我有關遊輪旅行種種，還有人稱我為「遊輪達人」，我非常樂意和大家分享旅行經歷和個人看法，如果不知道答案我就說不知道，但還是有些問題讓我搔首抓耳半天講不出話來，例如：哪裡好玩？哪個景點漂亮？買什麼？貴不貴？帶什麼行李？如何打發時間……。

事實是，我們所處環境極端不鼓勵嘗試，效法他人風險小，錯了還可以怪罪別人。但凡事跟隨主流的代價很高，因為人要實現自我，活得精彩，就必須親自動手，探索未知，雖然結果必然包括犯錯和失敗，但由此獲得的，才是如假包換，最有價值的人生經歷！

其實我只搭過幾次遊輪，只吃過一次罐裝海鮮，一點也不「達」，而就算我搭過一百次，吃過一百次，也沒辦法替代別人的主觀感受。我衷心希望那位賣場裡的太太把海鮮買回去，吃了以後發現很難吃，於是把那天遇見的怪叔叔痛罵一頓，從此養成凡事樂於嘗試的習性，邁向真正屬於自己的樂活人生！

覺悟要趁早

新書出版後和友人聊天——

他說：「你常旅行，旅行完寫書，出了書演講，緊接著又旅行，又出書，又演講，你比在職場工作的人還忙！」

我說：「是哦，我沒想那麼多，只是趁有能力趕緊做想做的事，三趟遊輪大旅行已完成兩趟，希望非洲之旅盡快成行。」

他說：「真棒，我也希望有一天有錢有閒，可以無牽無掛去做自己想做的事。」

我說：「要就快，我這三趟旅行只是許多心願之一，安排得這麼緊，完成也得花（想了一下）……五年！說完連自己都嚇一跳。」

左五年，右五年，時間真是過得很快！我很想跟那位朋友說：你等不到「有錢有閒，無牽無掛」那一天的，但只要願意，可以從今天就開始實現夢想！沒說出口是因為經驗告訴我，除非自己想通這個道理，否則外人說了也是白說，甚至以前說了卻被人當成炫耀。

每個人的心願不同，財務、家庭、健康狀況也不同，但有一件事對所有人來說都一樣，那就是時間，而且它不等人。面對習慣自怨自艾、酸言酸語、自我設限的人，我早已不再花時間辯解或說服，理由很自私，我自己的心願活到一百歲都來不及完成，哪來美國時間去管別人的抱怨！

結語──熱愛生活，活出自我

以上是我退休第一個十年的生活體驗和感想記錄，希望對你的退休生涯有點幫助。我知道每個人狀況不同，但也很確定，無論處於什麼狀況，只要能搞定金錢、快樂和健康，退休就可以是人生最精華的階段，反之，三項中任何一項有較大的缺失，即使另外兩項再好，也很難過上理想生活，甚至落入悲慘寂寥。

雖然缺一不可，但人生並非完美，有錢有才如賈伯斯者，健康卻出狀況，以致無法頤養終年；常人想要達到三項皆是滿分，基本上不可能。而既然無法三全其美，如果非要給這三項打及格分數，我個人看法如下：

金錢：六十分，也就是「足夠就好」的概念。當前社會主流想法偏向「多多益善」，多數人總想要做到「不能賺」、「賺不動」，才考慮退休。這種拿時間換金錢的做法或許能帶來較多的財務安全感，但付出的成本經常過高，事實上，多數人根本沒有考慮過這麼做對身心健康和快樂生活的影響為何。

有人可能會說每個人對「足夠」的定義不同，我的看法是，足夠代表自己和必須被照顧的家人衣食無缺，還有些餘裕滿足從事職志所需，如此而已。部分退休人士確實達不到這個標準，但社會主流價值過於強調金錢也是事實，造成許多人退休後並不缺錢，卻無法為自己換來真正的高品質生活。

我給快樂的及格分數是八十分。快樂生活就是兼具「愉快」和「喜悅」的生活，只要金錢和健康狀況不是太差，通常能保證「愉快」不予匱乏。主要問題出在退休者不培養興趣嗜好，不從事人生職志，以致生活缺乏「喜悅」，活了大半輩子，終於有機會實現自我卻不去做，是最令人遺憾的事。

追求快樂正是實現自我，雖說三項中少了任何一項都令日子難過，但說穿了，擁有金錢和健康的最終目的不過是支持實現自我。像畫家梵谷這樣樂在創造的人，即使早逝，且晚年窮困潦倒，卻活得有滋有味有價值，對照有些有錢人只能在酒色財氣中消磨人生，之所以給這個項目最高及格門檻，原因在此。

健康：七十分，從支持實現自我的角度看，健康的重要性是高於金錢的。退休後無論想要再就業、做志工、學新技能、旅行，或只是吃喝玩樂，都需要健康做後盾。身體健康也能令人精神愉快，笑口常開，而對於仍相信金錢至上的人來說，身體健康就可以少花醫藥費。

退休後常保身心處在活動狀態，可以延緩老化，但隨著年齡增長，身體逐漸衰弱凋零，乃至生命終結，不可逆轉。死並不可怕，不但不可怕，還好人會死，否則活著時的一切作為就全都白費了，盡量把每一天當成人生最後一天來活，隨時準備充實圓滿地離開這個世界。

托爾斯泰說，「幸福的家庭都是相似的，不幸的家庭各有各的不幸。」放眼四周的銀髮族，生活品質高低差異極大，差的原因各自不同，好的都有一個共同點，那就是「熱愛生活，活出自我」。表現在聰明花錢、和藹可親、嘗試新奇、裝扮自己、不依賴他人、喜愛旅行、經常運動、樂於助人等方面，觀察他們，退休生活的祕訣昭然若揭。

我的退休故事講完了，該是你開始演繹自己退休故事的時候了——你，準備好了嗎？

今年開始，人生都是自己的——退休十年，我很好！老黑的無憾樂活告白 / 田臨斌 著；-- 初版 .-- 台北市：時報文化，2016.
01；256 面；　公分（人生顧問；226）
ISBN 978-957-13-6524-4（平裝）

1. 退休 2. 生活指導

544.83　　104028847

人生顧問 226

今年開始，人生都是自己的
——退休十年，我很好！老黑的無憾樂活告白

作者　田臨斌｜**主編**　陳盈華｜**編輯**　林貞嫻｜**美術設計**　陳文德｜**執行企劃**　侯承逸｜**董事長**　趙政岷｜**出版者**　時報文化出版企業股份有限公司　108019 台北市和平西路三段 240 號 3 樓　**發行專線**—(02)2306-6842　**讀者服務專線**—0800-231-705．(02)2304-7103　**讀者服務傳真**—(02)2304-6858　**郵撥**—19344724 時報文化出版公司　**信箱**—10899 臺北華江橋郵局第 99 信箱　**時報悅讀網**—http://www.readingtimes.com.tw｜**法律顧問**　理律法律事務所　陳長文律師、李念祖律師｜**印刷**　勁達印刷有限公司｜**初版一刷**　2016 年 1 月 29 日｜**初版三刷**　2021 年 10 月 4 日｜**定價**　新台幣 300 元｜

時報文化出版公司成立於一九七五年，並於一九九九年股票上櫃公開發行，於二〇〇八年脫離中時集團非屬旺中，以「尊重智慧與創意的文化事業」為信念。